岛屿和远航

当代爱尔兰四诗人选

Isle and Immram:
Works of Four Contemporary Irish Poets

(爱)保罗·默顿　哈利·克里夫顿　葆拉·弥罕　迈克尔·朗礼 / 著

包慧怡　彭李菁 / 译

北方文艺出版社

图书在版编目（CIP）数据

岛屿和远航：当代爱尔兰四诗人选 /（爱尔兰）默顿等著；包慧怡，彭李菁译. -- 哈尔滨：北方文艺出版社，2016.7（2017.11 重印）

ISBN 978-7-5317-3632-5

Ⅰ. ①岛… Ⅱ. ①默… ②包… ③彭… Ⅲ. ①诗集 – 爱尔兰 – 现代 Ⅳ. ① I562.25

中国版本图书馆 CIP 数据核字（2016）第 095765 号

岛屿和远航：当代爱尔兰四诗人选

Daoyu he Yuanhang Dangdai Aierlan Sishirenxuan

作　者 /（爱）保罗·默顿　哈利·克里夫顿　葆拉·弥罕　迈克尔·朗礼

译　者 / 包慧怡　彭李菁

责任编辑 / 宋玉成　聂元元　　装帧设计 / 袁　洁　班　婕

出版发行 / 北方文艺出版社　　网　址 / www.bfwy.com

邮　编 / 150080　　经　销 / 新华书店

地　址 / 黑龙江现代文化艺术产业园 D 栋 526 室

印　刷 / 北京诚信伟业印刷有限公司　　开　本 / 880 × 1230　1/32

字　数 / 115 千　　印　张 / 6

版　次 / 2016 年 7 月第 1 版　　印　次 / 2017 年 11 月第 2 次印刷

书　号 / ISBN 978-7-5317-3632-5　　定　价 / 45.00 元

总　序

“望夏日长空，即为诗，虽然不在书页里。真正的诗，逃逸。”（艾米莉·狄金森）

诗，跟语言一样古老，甚至更为古老。诗，是无声胜有声，是木叶无语纷纷落。诗，是两个默契的人说话，说着说着，进入沉默。“人，诗意地栖居”。诗是凡躯出生入死的本相，因而不妨说，每个人都是诗人，都默契于诗，虽然你常常忘了，因而也被遗忘。

像暗夜中的北极光闪现，照亮虚空中的虚空，让无声者发声是诗人的天职。诗人体悟沉默，更痴迷于语言，他 / 她的心灵更为敏感，每当情动于衷，不能自已，遂在语词的密林里耕耘，让语言从其根部发出颤音，让天地人神共鸣。

好诗是有强度有张力的语言，一首好诗有时恰如一个有力的扣球，它不想打败读者，它希望读者把球接住。因而，诗之美不必优美，不唯抒情，更远离滥情。对于一首好诗，读者理应有更高的期许，远非轻松的消遣和抚慰，更不是可有可无的装点。好诗磨砺读者的感性，带你走入陌生和惊喜。

“北极光诗系”邀您重读经典，并推介当代新篇。其中，“经典译丛”，主要精选老翻译家的经典译作。百年来，外国诗歌经典经受了翻译的考验，有磨损有变形有创造，为中国文学引入了新的观念、新的感性和新的表达，参与了中国新文学的发展，并已成为中文经典不可分割的一部分，这一份财富需要代代传承。与此同时，伴随语言和感性的日益更新，也需要鼓励新译者尝试经典重译，我们相信，经典经得起一读再读，常读常新，常译常新。

“北极光诗系”之“当代译丛”推介当代世界诗歌精品，特别是在世界诗坛被充分认可，享有定评而鲜有中译本的诗人诗作。这是一块尚待耕耘的土地，需要出版家的胆识和情怀，也需要新一代译者继往开来、不懈努力。

经典或许不是你正在读或打算读，而是你正在重读或打算重读的书；而每一部经典都曾经是当代新篇，来自鲜活的当下，在读者的阅读中走进历史，成为经典——

为永恒驻足，
为甜蜜与光明留步，
走进经典，
朝向诗与生命的极处。

编　者

2016 年 5 月

目 录

保罗·默顿诗歌译介

远航与异乡·001

保罗·默顿诗选

《马多戈：一个奥秘》导读·013

钥　匙（散文诗）·017

皮　包（十四行诗）·020

马多戈：一个奥秘——长诗节选（散文部分）·022

马多戈：一个奥秘——长诗节选（韵诗部分）·028

回归线无风带 ·036

漫长的终结·043

菠萝和石榴：纪念耶胡达·阿米亥 · 048
一处凹痕：纪念迈克尔·阿伦 · 049
航　行 · 051

哈利·克里夫顿诗歌译介

岛屿柠檬和世界鳗鱼 · 053

哈利·克里夫顿诗选

云　莓 · 066
黄水仙 · 068
鳗　鱼 · 070
柠　檬 · 072
托马斯·默顿之死 · 074
鸟之魑魅 · 078
与你的家人合葬 · 081
在谢默斯·希尼墓前 · 084
萤火虫 · 089
汲　水 · 091
致朝鲜作曲家曹成温 · 094
诗人桑德罗·佩纳，垂暮之年 · 097
缝衣女 · 100
上帝在法国 · 102
洋流颂 · 106

葆拉·弥罕诗歌译介

想象的玻璃上真实的霜花 · 110

葆拉·弥罕诗选

井·117
民间故事·119
纪念教我读书写字的祖父瓦蒂·120
游牧人的心·121
家·123
法　身·126
田野之死·128
骨　灰·131
种　子·132
父亲以圣方济各的幻象现身·133
阿尔忒弥斯的慰藉·136
切面钻石，他的呼吸·137
她不知道她正死去，但她的诗知道·139
白猫攀哥儿再世·142
堪舆（选三）·144

迈克尔·朗礼诗歌译介

北极光下诗歌所自之地·147

迈克尔·朗礼诗选

北极光·155
圣水盆·156
新　窗·158
一枚天鹅蛋·159

玛丽·奥图尔·160
临　终·162
气　象·163
红胸雀·165
燕　子·166
麦　穗·167
回忆凯里吉蔓镇·169
房　客·170
船·171
蜥蜴兰花·172
所有这些人们·174

附录：译诗原文标题·175

保罗·默顿诗歌译介

远航与异乡

——保罗·默顿与爱尔兰时间之书

引 子

保罗·默顿（1951—　）出生于北爱尔兰乡村天主教家庭。在贝尔法斯特女王大学完成本科学业后，他在英国广播公司（BBC）北爱尔兰分部工作十三年，此后借一份写作基金的支持在爱尔兰西海岸短住和写作数月，随后赴美国定居。默顿曾在北美几所高校教诗歌和创意写作，并从1987年开始在普林斯顿大学教书。其间他曾于1999—2004年间担任牛津大学诗歌教授。目前他是普林斯顿大学人文学院教授（Howard G.B.Clark '21 chair in the Humanities），英国皇家文学学会院士，美国国家艺术与科学院院士，《纽约时报》诗歌编辑。默顿一共出版了十二本诗集，另有翻译、文学评论、戏剧、流行音乐、童书等作品。他曾获包括普利策奖和艾略特奖在内的十余种文学奖项。除了以诗歌闻名，默顿还是公认的好译者，主要译作为爱尔兰语诗歌的英译本，但其拉丁语、古希腊语、意大利语和法语诗歌的英译作品也零散地分布在他的诗集中。

提起他的诗，学者们和文学评论家们最津津乐道的是他“乔伊斯式的”晦涩难懂，随时随地甚至生造词语也要起韵，用典成癖，以及把自身排除在叙事之外的态度。关于其作品已有成熟的文学评论，其中北爱尔兰的文学与政治关系的分析、文学语言分析、“智性”和“诗性”的分析、翻译与写作之关系的分析都有精彩篇章。最重要的两本专著是克莱尔·威尔斯（Clair Wills）与蒂姆·肯达尔（Tim Kendall）的默顿诗歌赏析（分析 2000 年前的作品）。从艾德娜·朗礼（Edna Longley）的几部学术专著可以很好地了解包括默顿在内的当代爱尔兰诗人创作的社会和文化背景。另有 2003 年和 2006 年出版的两部关于默顿诗歌评论的论文集，以及散见于大量北爱尔兰诗歌评论集的关于他作品解读的文章。译者尝试在这篇简介中呈现默顿思想世界的其中一些立面，诗作前另有针对作品本身的导读。

一、时间之书

爱尔兰拥有在欧洲独树一帜的古代文学传统，该传统不仅融合了古老的印欧神话，而且杂糅了原生的文学母题和基督教思想。中世纪爱尔兰语文本的数量是除了拉丁语文本外最多的，其类别涵盖了传奇、诗歌、法律、谱系、医学和语法等等，大多数记载在羊皮手稿上。12 世纪爱尔兰被盎格鲁—诺曼人征服，此后贵族阶层渐渐式微，至 17 世纪，本土知识阶层也大致消亡。但仍有许多精彩的文学篇章在修院或贵族赞助的学者编撰的手稿中保存下来。另有好些不列颠学者漫游这片征服之地后所撰写的史书，既有看似真实可靠的第一手叙述，又有更多道听途说亦真亦假的传说和灵异故事。19 世纪后期，包括叶芝和格雷戈里夫人在内的新教中产阶级发起了爱尔兰文学复兴运动，他们把古爱尔兰与古希腊相提并论，沉迷于继承这别具一格的古代文明，重塑爱尔兰社会的理想。他们所依据的更多是流行于 18 世纪欧洲的浪漫主义思潮和彼时新兴的国族主义思想。虽然如此，19 世纪和 20 世纪仍然见证了爱尔兰和不列颠两地的文人和政治精英对远古和中古爱尔兰文学以及民间口传文学的狂热兴趣。随着文学形式和语言意识形态的变迁，近当代爱尔兰文学融合前代文学（包括古时的和更靠近近代的）的模式也一直在变化。

默顿一直非常推崇的爱尔兰诗人路易斯·麦克尼斯（Frederick Louis MacNeice，1907—1963）就非常善于在诗中营造一种灵异的充满意外和危险的古代神话氛围。麦克尼斯十分警惕他所处的年代诗与政治和身份认同的紧密联系，因此他的诗歌叙事没有明确的中心，也尽量避免直接流露当时许多文人趋之若鹜的爱尔兰想象。萧伯纳是对此反思比较深刻的文人，他在评论叶芝的著名剧作《胡里痕的凯瑟琳》（*Cathleen Ni Houlihan*）时提及它把思想和社会关系都砍掉了，只剩余对观众倾倒的不切实际的爱尔兰想象，而“那想象太过折磨人，要是没有一瓶威士忌在手没人能忍受它”。这是当时非常强势的文学复兴运动外的第二家之言，但即便是在麦克尼斯和萧伯纳的文字中，那一代又一代回归的古老的幽灵亦轻透微光，只是以反国族主义的面貌出现。麦克尼斯的创作大多基于他生活中实际接触的事物，行文天马行空，不拘泥于任何可溯的意义。然而他的诗有成熟和完满的表述形式，能让读者感受到处于爱尔兰乡间僻野的人和社会所面对的充满奥秘的自然。他的风格和许多特征都为默顿所欣赏并不时效仿。而其中最重要的就是麦克尼斯化用前代文学模式的意识和方式。

默顿早年喜爱摇滚乐和美国西部片，除此之外是学校里得来的以爱尔兰语半吟半唱记诵的古代故事。他年轻时曾接受古典学教育，并在这方面有广泛的阅读兴趣。比起诗歌中大量直接引用的北美印第安文化、战争史和葡萄酒一类特定知识，前代爱尔兰文学作品中的意象很少在他的作品中被直接引用。他写北爱尔兰的生活，但几乎都是反自传性质的，在他著名的早期作品《航行》（*Immram*）中，他甚至想象如果自己父亲不是一辈子待在一个地方，而是一名早期前往阿根廷的拓荒者，自己会过怎样一种截然不同的生活。1986 年他为 Faber 出版社编撰当代爱尔兰诗集。当时他已享诗名，出版的几本诗集在北爱尔兰、爱尔兰，甚至整个英语世界都颇有名气，但他却不仅没有收录自己的任何作品，也没写任何“编者按”一类透露自己观点的话，仿佛故意要把自己排除在爱尔兰的语境之外。然而默顿并非没有对自己的态度和做法做出解释，其中最重要的自白，大概就化身为他的爱尔兰文学评论集《致爱尔兰，我》了。

默顿担任牛津诗歌教授的五年期间，将诗歌讲座集结成册，题为《致爱尔兰，我》。在这部评论集中他按作者的姓名首字母排列他心中所喜爱的爱尔兰作家，涵盖了从最早的7世纪匿名和知名的文人到与他同时代的文人。译者认为他对詹姆斯·乔伊斯的《死者》，塞缪尔·贝克特的《马龙之死》和《克拉普最后的磁带》的评论文章比较集中地体现了默顿对前代文学模式流传和演变的思考。乔伊斯的名作《尤利西斯》和同名古希腊史诗的对应已为多代学者深入讨论。默顿选取的是《都柏林人》中的篇目《死者》，并讲解了乔伊斯如何化用古爱尔兰神话故事《摧毁达德尔嘉的兵营》（*Togail Bruidne Da Derga*）（约9世纪作品）。故事中的古爱尔兰国王因打破了命运中的三种禁忌而死。乔伊斯把神话中的地缘政治和王权对应到他的时代，以此反思当时泛滥的国家意识形态对人们思想和创造力的禁锢。由此他不仅随《死者》中的女主人公重现了她年轻时代爱人的死亡（死亡地点是当时作为爱尔兰想象重地的爱尔兰西海岸），而且重演了古爱尔兰文学中经典的国王和英雄之死。命运禁忌和国王之死是古代爱尔兰文学中经典的母题，是在文学领域不断浮现的幽灵。在《死者》的结尾，寂静的雪覆盖了整个爱尔兰乡野、所有生者和死者；默顿则认为整个爱尔兰文学史某种意义上都是幽灵不断浮现的“死域”，声称“乔伊斯的文字浸透了在他之前的爱尔兰文学整体，也会闪耀于在他之后的所有爱尔兰文学”。

古老的爱尔兰韵诗《五旬节》（约7世纪作品）体现的是人类还未把自身和宇宙截然区分之前，人表述自然万物和季节变化的方式。默顿评论贝克特的《马龙之死》，认为马龙笔下的男孩萨波与父母之间关于笔的一次对话是借用了《五旬节》中鸟喙的意象，从而把古代诗篇中出现在春夏之交的鸟所象征的“侵入”和“越界”带入了故事，对贝克特笔下荒谬不可解的故事情节中隐藏的结构进行评析。19世纪爱尔兰重要的诗人和民谣作家威廉·阿灵汉姆（William Allingham，1824—1889）的诗歌也曾被贝克特巧妙化用。阿灵汉姆在取材于爱尔兰民间传说所写的诗《仙子》（*Fairies*）里，用极唯美的笔触写了一个孩子的故事：小女孩被小仙子骗走，由于仙界与人间的时间流逝速度不同，待小女孩回来时她所有的朋友都已终老亡故，小女孩因忧伤而死，这时仙子们把她放在用香蒲草和绿叶铺就的床上为她守灵，并称她回到了永恒无忧之地。而默顿在他的文章中提醒读者留意贝克特《克拉普最后的磁带》中出现的这样一幕：相恋的爱人把香蒲草和绿叶铺在石头上，爱人仿佛在上面无忧地恬睡，克拉普把头枕在年轻的爱人胸前，感觉到整个大地因他们的爱而缓缓移动。再一次，古老的幽灵以完全不同的面目浮现。

默顿认为贝克特的作品在其凌乱晦涩的外观下藏有足以与时间抗衡的完满的表现形式，而这和贝克特对前代文学作品的悟性有关。

从默顿对乔伊斯和贝克特的解读可见，他心中重要的文人化用前代爱尔兰文学的方式，对他有很大的影响。这不完全是风格或内容上的，也没有牵扯到国家主义和身份认同，更多的是影响他对文明作为一个整体的思考：

1. 对前代（包括古典时期和更近的）文学／文明的回溯和借鉴，不是回到原初的状态，而是寻求它恒定的、开放的转化模式；

2. 政治和社会生活模式如何在个体生活或私密空间中被编码，它们很多时候是在那些不起眼的，非着意的，甚至没有被说出的话语中。

这些思考自然而然地会体现在他的创作之中。默顿的博学多闻即便在群英荟萃的英语文学界也是出名的，读者可以在他的文字中探险和寻宝，多有寻获自己熟知的典故而会心一笑的时刻。曹雪芹先生在宝玉为大观园景致题诗一回，曾有作诗时如何“编新”和“述古”的一番议论。本诗集中选译的一部长诗《马多戈：一个奥秘》（节选）和一部组诗《回归线无风带》（节选）正好是前者“述古”，后者“编新”，如何借古意而不落俗套，如何编新章而不落奇巧，技法千变万化而文字灵肉俱全，全在一心。默顿尝试过多种多样的文字形式和文体形式，词语的意义和创作的整体结构都仿佛恒常在转化中。《马多戈》和《回归线无风带》穿插历史事件（冷僻词语和大量知识细节的来源）和核心叙事线的方式，和他思考前代文学复现的模式以及现代文学语言变化是密不可分的。

诗作之外，读默顿的翻译作品同样可作为理解他的思想的方式。他最重要的翻译作品是以爱尔兰语写作的在世诗人中最好的一位——诺拉·尼高纳尔（Nuala Ní Dhomhnaill）——的作品。对他的翻译，争议不在少数，因为他把原作中许多格式自由奔放的地方全押上韵，把女诗人原生的极富风韵的爱尔兰语译成大咧咧的美国俚语，窜改字面意思等等早已不在话下。但这位母语为爱尔兰语并以英语作为第二语言的女诗人读后却奉为佳作，觉得默顿的翻译符合原著神采。默顿通过探索文字形式在诗歌创作和翻译中复现前代和同代文学，复原的更多是作品与社会的联系。这带有他自己的思想，但更多的是超越他自身的在一代代文学中生生不息的思想和书写模式。

二、词语之书

乔伊斯晚年视力渐弱，贝克特便常常造访他在巴黎的寓所为他听写《芬尼根守灵》。因为“守灵”是天书一部，任何不合时宜的词语都有可能在任何只有作者知道的语境下出现，所以贝克特养成了只管记不管问的习惯。有一次听写时正好乔伊斯夫人敲门送茶，乔伊斯喊了声“进来！”，贝克特就在本子上写“进来！”。回头贝克特把一日的记录念给乔伊斯听，乔伊斯问：“那个‘进来’是怎么回事？”贝克特说“那是你说的”，乔伊斯想起了送茶的事情，贝克特说“那删掉好了”，乔伊斯连忙说：“不不不，让它留着！”乔伊斯笃信词语，以任何形式进入文本的词语都仿佛是命运的赠予。

默顿的写作也有这样的意思，但他笃信的是音韵和意义的自我延续。在《马多戈》的序诗《钥匙》中，“我”一边跟朋友聊天，一边不自觉地在心里描述看见的场景，并被自己心中描述的时候所用词语之间的音韵联系吸引了。这情形在默顿的诗作中几乎无处不在，很多时候就像诗的音韵不受诗人控制地进行，诗人只能尽快凭直觉选上符合音韵的词语才来得及不让诗行从自己手上逃跑，滑进某种看不见的幽冥。《钥匙》的结尾写到“回声抢在前头盖过了脚步声”，这一意象让人无限遐想不受束缚的乐音如何在《马多戈》长诗中回响，正是曹雪芹先生所说“会作诗的起法”。

在另一首序诗《皮包》中，诗人把这时时要逃窜的诗行比喻成鳗鱼皮包裹的某种核心。默顿曾经翻译意大利诗人埃乌杰尼奥·蒙塔莱（Eugenio Montale，1896—1981）的诗《鳗鱼》（“L'Anguilla”/“The Eel”），并在他的牛津诗歌讲座系列［成书《诗的终结》（*The End of Poem*）］中特意分析这首诗。他对鳗鱼这个意象有独特的想象和使用方式，多与变形的可能性以及鳗鱼在开放海域的艰难旅程寓指意义的开放性有关。《皮包》则暗示，《马多戈》长诗中不同文段之间的联系方式也是多重和开放的。

默顿年轻时的一位老师—也是当代最有影响力的诗人之一——谢默斯·希尼——曾在1985年的一次采访中说，读默顿的诗就好像同时面对两位信息提供者，一位永远讲真话，一位恒常在撒谎。希尼此言非虚。就以本诗集中选译的部分为例，《马多戈》写于默顿刚到北美，为自己全新的生活和写作寻找新的声音和题材的时期。诗中是虚构的历史和思想史，却是真实的思考过程和情感经历。《回归线无风带》虚构了一段陪爱人走过生命中最后时期的历程，整个组诗的情节主线为虚构，但却有大量真实的属于诗人过往生命和回忆的细节，以及让人深深动容的真情。希尼也曾写过一首诗送给默顿，写的是一只死在信箱中的赤颈凫，其中深意大概只有默顿知晓。默顿把这首无人知其意的诗选进了他所编的当代爱尔兰诗集中，也是他的名字在整个集子里出现的唯一一处。如果说默顿是默认了希尼这个说法，那么他想要传递的，或许就如他的诗《漫长的终结》中所一再呈现的："在渴望和失去之间"。这首诗起头的几个段落看起来就像对婚姻前十年的浪漫追忆，而在四五段情节忽然转向，前面段落的意象组合循环重现，但所述的故事和气氛却全然不一样了。第一段中一对新人在松枝彩棚下交换婚誓，后面却有两个起誓报复的人藏在铺了松枝的树篱中残暴杀害一位牧羊人。前有如酿造醇酒的过程一般苦乐杂陈但极为美好的婚姻生活，后面却对应了两位以海水煮盐为生，一生郁结于忧伤的姐妹。每一段都是真实的故事，但每一个意象都可完全转化其意义，“恒常在撒谎”。“在渴望和失去之间”的几个情绪的瞬间纷纷呈现了日常或无常的生活中惊心动魄的变化。诗中的一个段落直接提及了同一个词语在同一个语境下的双重意义，没有提及的则是同一个词语在不同语境下可能筑造的不同意义，而我们以自己的生命经历在不停地诠释着，“还有更多”。

默顿是十分智性的诗人和学者，但他文字形式的繁复并没有妨碍情感的流露，最掏人心肺的是他的《回归线无风带》。诗篇中女主角的原型是他两段婚姻中间的一位女朋友，他们在交往将近十年后分手，而在分手后的十年左右，那位女士就因癌症去世了。当诗中的“我”拥抱垂死的爱人时，犹如“将树枝拢向篝火”，亲吻时，因绝症而炽热的双唇“靠向我滴血的绞架”。与此同时，历史仍在隆隆前行，碾压过一切易逝的生命，士兵在战场上死亡，马和骡子在航运途中和屠宰场上死亡，病人在医院里缓慢地死去。而在诗中，爱人的死经历了以上所有的死亡。因着诗人的思念，他想要让自己的爱人在某种意义上成为历史的一部分，可被纪念的、可被人们融入自身命运的历史，也是由死亡筑起的历史。

结　语

默顿的文字稍稍带有古意，干净简洁又意蕴悠长，也有古代文学作品隐去书写者身份将个体创作融入社会和宇宙之中的意味。同时他是十分智性的书写者，用典成癖。译者每每开始翻译他的一首诗，就像自己成了老巫师刚抓着一个小霍比特人，立马就要去斗巨怪、穿越黑暗森林、与林中仙人同席、智斗精灵国王和上山屠龙。这些冒险经历加起来，大致可以形容那两百多趟通往三部字典的旅程了吧。

彭李菁

2016 年 2 月于都柏林

保罗·默顿诗选

《马多戈：一个奥秘》导读

《马多戈：一个奥秘》是默顿1990年出版的长诗。全书分为两个部分。第一部分为七首主题迥异的序诗，从不同立意的叙述提示了第二部分与书同名的长诗的创作因由。诗人在此长诗的创作过程中探索了许多种文体和语言形式。各种替代、重叠、平行和循环的文体形式本身就强调了意义和诠释的开放性。而诗中许多因韵而生却又对应历史和个人经验的气势和情感，则提示了诗人探索自身与自己的文学语言之间彼此相生相胁的张力和不确定性。本诗集选译的两首序诗《钥匙》和《皮包》分别从语音和意义两个层面提示了读者这首长诗自有其生命，作者的创作往往会受制于词语之间天然的联系；同时，作者的表达也会受题材天然蕴含的含义和意义所影响。诗人大致以编年史形式进行的书写和诗本身促使诗人在西方文明史的领域不断前行是彼此映射的平行过程，或按诗人原话是“互为线索的平行境域”（见“帕斯卡”篇）。

长诗的背景如下：

“马多戈”本是12世纪威尔士的著名神话，大致说的是当时的一位威尔士王子桂尼斯之子马多戈（Madoc/Madog，ab Owain Gwynedd）因厌恶为争夺王位引起的手足相残而远航，随后登陆美洲[①]，废除人祭，传播基督教信仰的经历。这一威尔士地区的王国，历史上确有记载，但这一远航则没有明确录入史册，更像是欧洲中世纪流行于不列颠和爱尔兰的“远航”主题文学作品的其中一册。16世纪时许多不列颠文人对这一神话进行了各种形式的改写和出版，主要服务于王室想要据此与西班牙争夺美洲归属权的目的：如果神话属实，这位威尔士王子可是比哥伦布早了三百多年登陆美洲。不过至今没有任何靠得住的考古证据表明有过这两次远航和相应的征战。18—19世纪英国浪漫派湖区诗人罗伯特·骚塞（Robert Southey，1774—1843）根据12世纪的神话版本和16世纪关于此神话的许多改写版本写了一首长诗，仿《荷马史诗》风格分上下部，分别写了这位王子的两次美洲航行，书名也是《马多戈》。骚塞和塞缪尔·柯勒律治（Samuel Taylor

① 神话中说的是马多戈向西航行直至在大洋另一端发现一片新大陆。哥伦布发现美洲后，后人因种种原因，开始认定（附会）神话中发现的这片新大陆就是美洲。

Coleridge，1772—1834）曾计划以出版此书的收入进行一次远航，在美洲建立“理想的平等社会”（pantisocracy）[①]，这一计划因重重的实际困难和两位原创者的分歧而搁浅。

默顿的《马多戈：一个奥秘》虚构了骚塞和柯勒律治想要建立的“理想的平等社会”所依据的思想史，也虚构了他们的征途。在构想的时期，默顿深受当时自己在编的《拜伦全集》的影响，也深受搜集资料时读到有关“刘易斯与克拉克远征”（Lewis and Clark Expedition，1804—1806）和画家卡特林（George Catlin，1796—1872）探索印第安人领地的故事的感染。这些都是美国建国初期为探索西部未知地域进行的艰难探险。虽然诗人深深为探险本身的英雄主义色彩和未知地域带来的神秘和惊奇着迷，但他反思的角度还是相当反殖民主义的。全诗的叙述者除了骚塞和柯勒律治外，还有刘易斯、克拉克、卡特林和所有与这些远征探险有关的人物。拜伦勋爵的影响则以更隐晦的评论方式和文体上的映射贯穿整首诗。全诗有普通书籍的长度，分四五十个小篇，大致按西方文明编年史顺序，每篇以一位重要的思想家或科学家名字命名。每篇的格式都是独立的，有散文，有韵诗，有书信，有报告文体，百科全书文体等等；同时，对应的内容也各自完全独立，有真实的历史记载选摘，有虚构的人物自述和他述，

---

① 骚塞和柯勒律治的这一关于泛等政治的概念最早可见于二人书信及柯勒律治早年的诗中。

还有各种自然发现、地理发现和印第安人传说亦真亦幻的插播，等等。比如说，“索绪尔”篇对应历史上令登山运动深入人心的瑞士地理学家奥拉斯 – 贝内迪克特 · 德 · 索绪尔（Horace Bénédicte de Saussure，1740—1799），而这一篇首先以报告文体记录刘易斯和克拉克远征过程中遇到的困难和神秘印第安人信仰，随后以韵诗的形式描述了探险队逼近当时仍由西班牙控制的密苏里地区时遇见的气势磅礴的自然和人文风景。“斯宾诺莎”篇则以塞尼卡印第安人酋长“红外套”（Red Jacket，1750—1830）的口吻向（虚构中到达美洲的）骚塞和柯勒律治致辞，并请他们问候（传说中曾到达美洲的）马多戈，并承诺要传授白人美好的印第安人信仰。而“戴维”篇（英国化学家 Sir Humphrey Davy，1778—1829）和“法拉第”篇（英国物理学家 Michael Faraday，1791—1867）则分别以散文和韵诗的形式描绘了研究电磁现象的早期过程中人们感到的惊叹、美好和各种奇幻的遐想。文末还有“利科”篇（法国哲学家 Paul Ricoeur，1913—2005）以骚塞的口吻痛陈英国文学中中邪的部分——拜伦勋爵（Lord Byron，1788—1824）引领的“撒旦学派”。骚塞和拜伦勋爵之间的文学论战曾闹得沸沸扬扬，详情可见两者几乎同名的两书《审判的幻象》。

本诗集所选的篇目大致能对应启发诗人创作的核心人物、文化和科学思想，以及虚构或真实的历史事件，也尽力涵盖诗人使用过的不同文体形式。

钥 匙（散文诗）

六个月前，我在洛杉矶一个配音间遇见了弗礼。他的电影后期制作进行了一半，片子是翻拍的《流氓牧师》；对这部电影我有特殊的感情，因为我的表姐玛琳娜·麦考尔是第一版的一个临时演员。她曾为许多电影明星做保姆，包括蒂比·海德伦，而且似乎半辈子都在纽约和洛杉矶之间的天上。虽然我在墨伊（Moy）的奥林匹克影院耐着性子看完了三四次《流氓牧师》，而且每次都细看群众场景，但我从来没法确定地指出玛琳娜在哪里。

弗礼正在完善一组关于列队指认程序的连续镜头，受害者慢慢地踱过，依次停在每个嫌疑人面前，又踱过去。关键时刻，她丢了一把钥匙在地上。制作最后这个效果的时候，弗礼在匹配声音和画面时碰到了困难。而使我震惊的是，他穿着圣母蓝的无尾礼服，就像早期电台广播员穿晚礼服一样。又努力了几次，他决定喊停，从隔音室冒出来，就好像潜水员从深海潜艇里钻出来一样。他给我一小片吃的，尝起来就只有牧豆树木头的味道①。

我想谈谈玛琳娜，想谈谈我曾经亲历的一次“列队指认”②，又或者是关于“无尾礼服”的词源，但我发现自己在反复咂着“布斯”（booth）和“贝息”（bathy），“魁特”（quits）和“梅斯基特”（mesquite）之间的音韵游戏③。我开始“引用”我自己：

他把小牛哄进小巷里
说的可是印欧语
他对驴拉粪车会咋舌
你们祖先话里有点非洲味儿

---

① 喊停 call it quits；隔音室 soundbooth；深海潜艇 bathyscope；一小片食物／珍闻 tidbit；牧豆树 mesquite。这些词语与后文提及的音韵相关。

② 上文的“列队认人”用的是美式用法 police lineup，此处是英式／爱尔兰用法 identity parade，所指应该是从爱尔兰赴美入关时的检查。

③ 见注①中所提及词语。

你看起来挺满意给海浪配音[①]

弗礼对这玩意儿全盘照收：

还寻思那块老地盘？
你忘了“流氓”是倒过来讲的话
说的头头在那旧金山街头黑帮？[②]

他又赶回了他的配音间。虽然我们这唯一的对话实在是陈腔滥调到了一定境界，但弗礼带给我的是一些意义深远的感触。在过去这六个月里，我不时能稍稍走在自己前面，但大多数时候落在自己身后，回声抢在前头盖过了我的脚步声。[③]

---

① 首行动词为美国俚语 sooky，指安抚小牛时发出的声音 sook，sook，为印欧语的发音方式；此处小巷用的是 boreen，来自爱尔兰语的特殊用法。第三行指对驴拉粪车发出的咂舌的声音，为吞气音，是部分非洲语言（如科伊桑语系）的发声方式。第五行动词为 ventriloquize，指木偶表演中用腹语给木偶配音。此处的给海浪配音对应前文提及的如深海潜艇的配音间。

② 首行原文 a patch of turf，turf 特指爱尔兰出产的泥炭；“流氓”援引上文所提及影片标题中的 Hoolum，第二行原文用的是 back-slang，应该指的是 Hoolum 倒过来是 Mulooh，接近诗人的姓 Muldoon。

③ 此处指写作《马多戈：一个奥秘》（*Madoc*：*a Mystery*）长诗的六个月。

皮　包（十四行诗）

献给谢默斯・希尼

我把皮包举至一臂之遥
棕红色或肝红色
鳗鱼皮覆盖的包[1]
忽然变得柔软

我在队列中等待穿街走巷的
巴士，当倾盆暴雨
给行道留下一片激流

即便它仅仅含有第一抹

---

① 默顿曾经翻译意大利诗人 Eugenio Montale（1896—1981）的诗《鳗鱼》（“L’Anguilla” / “The Eel”），并在他的牛津诗歌讲座系列中，特别有一次讲座分析这首诗。他自己对鳗鱼这个意象有独特的想象和使用方式，多与变形的可能性以及鳗鱼在开放海域的艰难旅程寓指意义的开放性有关。

关于这首诗[1]的暗示，我知道我不敢
放下皮包，把手伸向
口袋里的希腊银币

惧怕它就此滑进涵洞
沿着东河闯荡
游向大海。我说的是那“外海”

---

① 指长诗《马多戈：一个奥秘》。

马多戈：一个奥秘——长诗节选（散文部分）

I.亚里士多德

来，如果你渴望一场幻想，在美洲就只能想望我；想想我那自创世以来从未被开垦的土地，看我舞动斧头，这就砍下大树，蛇正栖身其中。看我掘出虬根，筑起宜人的挤奶室；三房的小木屋，而我唯一的同伴是贫穷的黑奴，我斥资相购只为其赦。一日辛劳，见我卧灯芯草而眠，又或，在恶劣的天气中，取出匣子给你去信，而你会欣然回复身在美洲之人。绝不要设想我会远离作诗和哲思；直到一个面目可憎的印第安人带着利斧，割我头皮——人类社会恶贯满盈，而我无能为力，这就是其中教人悲郁的证明。自我唇间流出的只有空虚！空虚！而可怜的骚塞要么成为切诺基人[1]盘中餐，要么被一只老虎吮吸细品。

骚塞

II.斯宾诺莎

兄弟，我代表全族回谢我们古老的挚友（如果当真存在）[2]，他们对我们满怀祝愿，一心要教授我们你们的信仰。或许你们之所信真与你们地位一致。你们说你们毁灭了伟大精灵之子，或许这就是你们所有麻烦和灾难应当的缘由。

兄弟，我们怜悯你们。愿你们为我们古老的挚友送去诚挚祝福，并告诉他们：皆因对你们体恤，我们很愿意遣传教士教授他们我们的信仰、惯例和习俗。或许你们认为我们盲目而无知。那么去吧，教教那些白人，教一下（比如说）水牛城的人们。增益其德，良善其俗，使他们不再动不动就要欺瞒印第安人。教白人们少些把印第安人灌

---

① 切诺基人（Cherokee），美国东南部印第安人。

② 此处指的是传说中在12世纪到达美洲传播基督教信仰的威尔士王子马多戈和他航行时的同伴，请参见导读。

醉以夺取土地。让我们从繁花识得那树木，从果实识得那花朵。

红外套①

III.戴维

在瑞典，自然史讲师M·哈格在特定种类的花上发现一个有趣的现象。②一天晚上他注意到一丝微弱的光不断从一株金盏花射出。从这闪光奇快的速度和周围其他情况判断，或许可以推测在这一现象中有电的某种形式存在。

柯勒律治

IV.胡塞尔

1806年7月4日

这一天宣示美国的独立，在我的国家举国同庆，我有各种意向去庆祝这奢华盛宴，用一道肥美的

---

① 红外套（Red Jacket），本名奥特提安尼（Otetiani，1750—1830），北美安大略湖一带塞尼卡印第安人酋长。

② 第一句原句摘自美国版的不列颠百科全书对电磁现象叙述的词条，后面几句则为作者原创。

鹿肋骨和牛糊糊[1]。宴毕我们继续往前约一英里至一道宽广的溪流，在那里我们顺流而上，找到一处浅滩蹚过。虽然水深并不比马腹高出许多，但水流湍急越过马背和马驮的包袱。[2]

克拉克

V.梅洛—庞蒂

我们的独木舟在弗洛伊德[3]断崖几英里外登陆，我们在“黑鸟”[4]墓附近待了一天。这位闻名遐迩的首领（入葬时）被放置成骑在他马背上的姿势，手里握弓，而他帮伙里的每一个武士都把自己右手手掌涂上朱砂，盖在他忠诚的马奶白的侧腹。当这一切完成后，泥炭被覆在马的四蹄和四腿周围，渐渐堆至马侧，堆得越过这没有起疑的生灵的后背和头，最后，越过它勇武的骑士的头和鹰羽头饰，然后一起缓慢燃烧，从那时至今这墓地

---

① 从克拉克本人的作品来看，这道菜似乎是从腐烂的牛肉上榨取油脂来吃。

② 原文有多处拼写错误，而且几乎全部名词首字母大写。

③ 弗洛伊德（Charles Floyd，1782—1804），参与刘易斯和克拉克远征的美国探险家。

④ 黑鸟（Blackbird），美国中西部奥马哈族印第安人酋长（约1750—1800），致力于印第安人与欧洲人之间的沟通和合作。

没有被打扰过。

卡特林

VI.利科

在超过半个世纪的时间里，英语文学因其寓意之纯洁而卓绝不群，这是大国风俗之提升的结果，亦反之成其缘由。

曾几何时，一个做父亲的可以放心大胆地把出版机构刊行的任何书送到孩子们手中，只要那书的书名和扉页插图没有明显迹象表明它是意图作为妓院的装饰而写。

我们的诗尤其是这样。

现在情形可不再是这样了，愿那些冒犯者倒霉！

他们建立的诗派可被恰当地称之为撒旦诗派[1]；原因是，即便它们的创作中淫荡的部分流露出魔神彼列[2]的精神，他们快乐地描绘的那些令人生厌的

① 撒旦诗派（Satanic School），这一词来自骚塞1821年发表的《审判的幻象》，专门指称当时由拜伦勋爵和雪莱引领的诗人团体亵渎神圣，有如魔鬼般的傲慢。

② 彼列（Belial 或 Beliar），最早出现在希伯来圣经中的词汇，后来在一些犹太教或基督教文本中成为人格化的恶魔。

暴行和恐惧的图景则流露出摩洛[1]的精神，但他们尤其可作为撒旦精神的典型，即傲慢和蛮横无理的亵渎。这傲慢和亵渎并还背弃了与之结盟的可鄙的无望。

骚塞[2]

① 摩洛（Moloch），上古近东神明的名号，在古代文献中常常与烧献儿童的记载联系起来。

② 这篇致敬法国哲学家利科（Paul Ricoeur，1913—2005）的散文大致还原了骚塞在《审判的幻象》中对拜伦勋爵和雪莱引领的诗人团体的指控，拜伦勋爵在1822年发表了几乎同名的作品与其进行论战，极大地影响了骚塞的声誉。请对比本诗集选译的另一个篇目《马多戈：一个奥秘——长诗选译（韵诗部分）》“马尔库塞”篇。

马多戈：一个奥秘——长诗节选（韵诗部分）

I. 帕斯卡[①]

杰斐逊如此疯狂充满狂喜
干掉了一整玻璃瓶

他最好的梅多克酒；
新修成的论集

将自然而然
紧密因循

他的铜版画《夜鹰》
或《颂歌》和《爱情》：

① 帕斯卡（Blaise Pascal，1623—1662），法国神学家与哲学家。

它平行着延伸至

作为自身线索的平行境域

II. 索绪尔[①]

　　*八月七日[②]。刘易斯派队搜寻

逃兵们，摩西·里德和拉·里倍缇

　　*八月十一日。首领们在那古墓

或地道边思慕

那儿葬着“黑鸟”

奥马哈首领

在他白色战马之上

　　*八月十八日。里德被带回并挨了

通条和鞭子进行的笞刑

脓肿和腹股沟炎症。痔垫病变

---

① 索绪尔（Horace Bénédicte de Saussure，1740—1799），瑞士地理学家。

② 此处及以下均指1804年，请参见导读。

*八月二十日。弗洛伊德死于腹绞痛和忧郁症

*八月二十五日。他的灵魂攀上“小人儿”
的仙丘，扎进了数千十八英寸高小恶魔们的齐齐抱怨[1]

*十月十四日。约翰·纽曼被判七十五下鞭刑
因他宣读暴动的誓言。

*十月二十五日。虽然飞沙走砾的砂岩地带
（大部分）让步于林木

稀疏，沟壑深邃的平顶山
散发着艾草的香气，那阿尔忒弥斯药草

（如松脂和樟脑）的奇异芬芳
仍然不时有凝积成优雅倒棱

的蜜色或鲑鱼色磨石柱
就在此地，被黑曜石飞檐所越。

---

① 指普赖尔山区（Pryor Mountains）的乌鸦族印第安人信仰的会塑造智慧和命运的小矮人，他们通过乌鸦族的伟大首领普兰提·库普斯（Plenty Coups，1848—1932）的梦行事。

樟脑和松脂。麋鹿步迹。熊粪
德鲁拉德[1]和谢尔德，侦察兵们

视线能穿越密苏里河
涌动如庄严的萨拉邦舞曲，至两岸

远处群山如清真寺和宣礼塔
望见三百余曼丹人和明尼他利人[2]

III. 索绪尔[3]

他全无准备
惊见那漂白的篷布

紧绷在鲸须的桅索
斯波坎[4]女人自一方海獭皮毛后

---

① 德鲁拉德（George Drouillard，1773—1810）远征队中重要的探险家，为欧洲人与印第安人混血儿，同时掌握多种欧洲语言和印第安语言，是远征队中重要的翻译家。

② 曼丹人（Mandan），明尼他利人（Minnetaree），美国北达科他州密苏里河流域两支结盟的印第安人。

③ 瑞士语言学家与符号学家弗尔迪南·德·索绪尔（Ferdinand de Saussure，1857—1913）。

④ 斯波坎（Spokane），华盛顿地区印第安人。

款款行来
在他身前摇曳如船首雕像

他的眼抵制她饱经风霜
的雪松纹理

正当柯勒律治，临着鲸脂灯的泪
在幻视中洞见

她左乳上一枚心型刺青
和丘比特之矢，它来自——这简直不可能——“伊文思”

IV. 法拉第

“传说，在夏日傍晚时分
闪烁着金色的花
一道美丽带电的火焰：
我那充满爱意的眼也将闪烁
当满心巨大的狂喜
急速击穿宇宙边缘”

柯勒律治

V. 海德格尔

“我只想向你保证那名字‘伊文思’[1]
相类于‘欧文’[2]

和‘欧文·桂尼斯’——马多戈的父亲
而马多戈自身，首先象征

我们欲望超越自己……”
从陵墓

纷纷散落的沃土；
“当我自己的祖父，另一个布西发拉思[3]，

① 约翰·汤姆斯·伊文思（John Thomas Evans，1770—1799）最早绘制密苏里河一带地形图的威尔士探险家。前文第二个“索绪尔”篇的诗末一词，很可能指以他的名字命名的船“伊文思号”，但因没有确切证据证明这一点，所以上文没有作注。

② 欧文（Eoghan），古爱尔兰人名，历史上有许多重要的爱尔兰古代王朝，以及神话中史前的王朝，都曾有国王叫作“欧文”。此处威尔士探险家伊文思和古代爱尔兰王者名字之间的联系，大概不是（至少不只是）词源上的联系。

③ 此处应指亚历山大大帝的战马布西发拉思（Βουκέφαλος/Βουκεφάλας，c.355—326 B.C.。原文是其英文形式 Bucephalus）的后裔，帕特兰首领的坐骑。

扬蹄破浪穿越湍急的溪流
疾驰至希腊人帕特兰[1]带领的部旅前头

在爱尔兰海滨上甩尽水滴
他亦自信属于他的时代即将来临”

VI. 马尔库塞[2]

他写下弑君者的颂歌
他歌颂所有无论怎样的国王们
他为辽远宽广的诸共和国高歌
然后愈加严酷地反对它们
为“平等的理想社会”[3]他曾疾呼改革
一个道德跟不上聪明劲儿的计谋
后来又一心一意成了反雅各宾派——

① 帕特兰（Patholon，或 Partholón/Parthalán），中世纪爱尔兰基督教伪历史记载中的人物。根据这部伪史的记载，帕特兰是诺亚大洪水三百年后远航爱尔兰的希腊人，他和他的船员为古代爱尔兰带去农业、烹调、吹制工艺和建造工艺，后来这队希腊人却都在很短的时间内全部死于瘟疫。

② 马尔库塞（Herbert Marcuse，1898—1979），德裔美国哲学家和社会学家。

③ pantisocracy，由骚塞和柯勒律治提出的关于泛等政治的术语，请参见导读。

换了东家自不在言——翻脸无情也全无障碍。

拜伦，《审判的幻象》[1]

---

① 《审判的幻象》（*The Vision of Judgment*），拜伦勋爵 1822 年发表的长诗，与骚塞 1821 年发表的几乎同名的长诗针锋相对。骚塞在诗中直斥拜伦勋爵和雪莱引领的浪漫主义诗人团体为“撒旦学派”，拜伦勋爵则反唇相讥骚塞奉承权威和厚颜无耻的平淡。请对比本诗集选译的另一个篇目《马多戈：一个奥秘——长诗选译（散文部分）》“利多”篇。

回归线无风带

导　读

《回归线无风带》是默顿 2006 年出版的诗集。全集由十九首十四行诗组成，每一首的标题都是一个"b"开头的地名。这些地方都在北回归线或南回归线一带，而且都曾发生过有历史记载的大小战役 。这十九首诗都包含马或骡子的场景，也许诗人是以此巧妙地对应诗集的题目"Horse Latitudes"。整部诗集有一个隐秘的主题：死亡。战役中的死亡，马和骡子的死亡；而最重要的贯穿始终的故事线索，则是诗人的前爱人卡洛塔患癌症走向死亡的过程。有的诗把对战争场景的叙述或关于战役的评论与卡洛塔的一言一行穿插在同一首诗中。有的诗则通过卡洛塔的回忆，或诗人回忆、聆听卡洛塔时的情绪，隐晦地对应于战役的过程、结果或氛围。这十九首诗都有严格的形式，有一些是前九行以第四第五行为中心辐射用韵（第三与第六行押韵，第二与第七行押韵，等等）；也有一些是全诗两行两行地用韵，只要是押韵的诗行通常音节数也相同。译者只可能在不影响传意的前提下部分还原这些形式。本诗集中选译的七首诗大致可前后相连叙述卡洛塔从患病初始，到病情慢慢加重直至临终的过程。

I. 北京[①]

我仍然能听见那音乐家
揉捏着哄骗几千匹陶马
和驭手们黏合成这模样
当我醒来在卡洛塔身旁
真人大小，还有，亦是赤陶。
天空仍是那陶土的流纹
她的祖父在另一方当道
用三角板，圆锯，模具，
铅垂线，和木匠的画笔
由他的祖父带回自罗马
带光荣伤疤的卡洛塔。肉瘤增生。
此时我们最高的志向
不过是简单地承受那天光
我们曾经却要紧紧抓住它。

---

① 诗题目是北京，但从内容上看对应的应是兵马俑。发生在北京的战役很多，而北京城内和陶俑这一意象相关的王朝战役也很多，此处没有明确对应哪一场。

II. 特威德河畔贝里克[1]

离开那棵榆树，弗拉芒画家或会深爱
这古老无侧梢的大树，
避开种种恣意妄为的想法，力保
自己免遭夺去她邻居屋顶的风暴。
她的祖父领走退休金
心想当危机真的降临
他可以带上这钱束上绑腿
拍拍驮骡的背
走下月光照耀的甲板，
卡洛塔如今在长袖衣下
戴着颈笼，高领的
泳衣为了什么……为了什么……为了什么……为了什么
我必须再次提及的事情。

III. 黑水基地[2]

那夜我紧拥卡洛塔
我们看了几出色诺芬戏剧

---

① 英格兰东北部小镇，距离英格兰与苏格兰的边界约四英里，历史上多次发生战事和易主。

② 指2004年伊拉克战争中第一次法卢加战役打响时美军运输粮食的“黑水”部队的基地。

海军陆战队第五团
在古老的逊尼派三角地带
闹得有些屁滚尿流，企图掩盖
那些糟透的事情和石油价格的关系。
曾有一个遥远的闹剧
在纳什维尔天空下，那儿的风
已停息并在她胸前
别上德士古之星。
“为什么，”卡洛塔疑惑了，“那‘焦油之家’？
或许这和那净原油进口有关系
而只有当底格里斯河清水盈盈
布什才会实诚掏心？”

IV. 波茵河谷[①]

血从屠马场渗出
我无法再漠然
当卡洛塔浮出水面如啤酒泡沫。
我把她推向一次考验
当她踢啊踢啊抵制那些套子
像驮骡倒下前，嘶叫着，在船坞。

---

① 指1690年的波茵河谷之战，在那次战役中詹姆斯二世的军队与威廉三世的军队对抗，后者取胜。

桁端向外踢蹶
横幅那串串枉然的流缨
或泄漏的充气城堡
是她会去注意的事情
而那幻象中乳白的骏马
从水桶里啜饮
呼吸急促，呼吸有点急促，
却没有敲起警钟。

V. 邦克山[①]

卡洛塔把我拥向臂弯
就像篝火把一根树枝拢向自身
她的口，一种烙器
靠向我滴血的绞架，嘶叫。
她的祖父用一桶纯度一百的烈酒
消毒他的锯，
一个帮工忠心耿耿在旁
在所谓来世中止住血流。
不要怒视那刀。
她会碰到那齐胸高的栅栏
带着冷漠，那“该死的别流汗”

---

① 指美国独立战争期间1775年的邦克山战役。

出自稍讨人嫌的学校老古板之口
虽然那手术就是预备着用刺刀把她处死
就像《他是谁》里的女儿那样。

VI. 牛奔河[1]

虽然有人觉得没有什么比
远离河流的水塘
更加郁郁，我却爱
汗水、血液和，“嘘——”，马粪的气味
卡洛塔就像背着水肺
把我领进带露的幽谷
铺开她防水的花格子尼布。
当我们躺在那儿我几乎可以发誓，
我透过安详的荆棘凝视
它们完美嵌合
在砾石坑两侧
在那儿她和我打趣着要智胜
彼此，而那时我在她的脑穴找到一枚
马掌（马的鞋子）的印迹。

---

① 指美国南北战争期间发生在1861—1862年的玛纳沙斯战役。

VII. 缅甸

她祖父的行当
曾是迅猛一袭
抹了驮骡的喉咙，
一个助手在旁
把骡子的头狠狠扭向
一边，灌下劣酒——他曾在禁酒令下私拢
“为什么”，卡洛塔疑惑，“那可怕的东西？
是怕骡子们嘶喊
出卖它们的方位？”
这时我见他后退一步
仿佛要再一次试试刀口
和听见那噼啪两声收起
他的四折镀铜的木工尺子：
“并暴露它们的‘方位’。”

漫长的终结

已有十年，自我们成婚
自我们在一片小松林间
头顶松枝彩棚[1]
交换新婚的誓言。
好姑娘，替我留一份
杏仁膏，当我为你斟一杯
思美酒庄的莎当妮酒[2]
满得几乎不够正派，
然后更多。

眼下对我耐心点，因为我得忍耐
对一瓶酒的盘查
吹嘘它带梅子和梨的微香，

① 松枝彩棚（Chuppah），特指犹太人婚礼上使用的用松枝搭起的彩棚。默顿的妻子是犹太人。
② 莎当妮酒（Simi Chardonnay），美国加州葡萄酒产区的名酒。

它那玛思卡汀葡萄[1]的味道
经橡木陈酿变得柔和。而我万念在心
你胸前的柳木浮凸，
你的整个腰身曲线
在渴望和失去之间。

奇迹在于我们竟然经受住
十年婚姻和为人父母的岁月
酿造的陶氏波特酒[2]蒸华和冷凝的滋味，
它的菁华和它的糟粕——
我们竟然设法
经受的五年如纷繁杏花
略带苦香的狂喜，另有五年快乐的争执
（还有更多

如果我们算上富余的一两回
乐得绝对上了九霄云外）。
即便如今，当你背向我露出一边
赤裸的肩，领口倏忽转向，
我窥见脊柱上快要痊愈的湿疹斑点

---

① 玛思卡汀（Muscadine），美国东南和中南部葡萄酒产区的一类葡萄。

② 波特酒（Dow），葡萄牙北部杜罗河谷葡萄酒产区名酒品牌。

它令我想起并非那酒香常驻

的沃尔莱茨城堡[①]，欸，和德里雅斯特弗留利酒[②]，芬芳转瞬即逝，

在渴望和失去之间

而是林间

一片粗糙的，覆盖松枝的蔷薇树篱，

藏着两个起过誓的

戴面具和头罩的男子

等待一个农民为他的奶牛打开一担草

然后用半自动手枪开火，

击中眉心送他上西天，

还有更多。

它令我想起另一个人，驱车前往

领回享受过石楠花丛和山野清芬

的六头白脸母牛，

他很快会预感

一枚地雷的准确位置

在贝拉赫镇和六里十字架镇之间的路[③]，

---

① Vollrads Schloss，德国莱茵葡萄酒产区著名酒庄。

② Triestine.Trieste，德里雅斯特，是意大利东北部弗利酒产区的重要门户城市。

③ 两处都为北爱尔兰地名，这一地区埋有从前战争留下的地雷。

他很快会知道挺进那条界线那一瞬的思绪
在渴望和失去之间。

面对命运无常的隐忍
也令我想起世阿弥[①]的能剧《松风》
双袖浸透了盐屋
盖过和漫过的盐水
两姐妹那一点
“好了，好了”和“好啦，好啦”，
风飒飒吹透那盐屋，
还有更多

风中轻微的“好啦，好啦”和“好了，好了”
似乎缠绕着
松风和秋雨的话语，她们默默忍受
一生煮盐的哀伤。
而那词语 pine 的双重含义
在日语和英语中都一样，同时
被理解成“树”和一种惆怅，我们赋意
在“渴望”和“失去”之间

① 世阿弥（1363 年—1443 年 9 月 1 日），日本室町时代初期的猿楽演员与剧作家。原文是其名字的英文形式 Zeami。

向两姐妹求爱的，诗人朝臣行平
的鬼魂，化作消萎在松枝之间的灵异松木。
几乎不待秋雨和春风重订
誓言
你回身向我，你的短衫，
虽能遮蔽快要痊愈的湿疹斑点，
低垂得几乎不够正派，
还有更多。

泰尔丝①公主，让我们来辨识，
好姑娘，我的和你的，
在渴望和失去之间，
勿再多加尝试
从糟粕中提取菁华，
而每日破晓时分
唤醒我们自己，就在乳海之滨②，
以如此的力量和热忱，伴侣们或许仍然能缔结良缘，
还有更多。

---

① 泰尔丝（Accutane），治疗皮肤病的口服药药品名，其中所含药物的名称为口服A酸（Isotretinoin）。此处应对应上文提到的爱人得的湿疹皮炎。

② 乳海之滨（shore at Suma），Suma是印度神祇的名字，也是常用女名，同时也是Soma的其中一种转写。因原文提及shore，所以译者认为此处应取Soma转写的这一层意思，对应印度神话中天神搅动乳海提取魔法甘露Soma的典故。

菠萝和石榴[1]：纪念耶胡达·阿米亥[2]

想想看，当我还是十三岁男孩
会和我的第一只菠萝扭打得厉害，
以它暴露的胸膛
再次检验我意志的勇敢
从骨子里我相信
它代表着另一些东西
却对它象征世上的慷慨赠予
全然无知无意
慷慨的赠予——是吗？可不是炮弹里那些东西
如果你明白我来自一片怎样的土地
就仿佛张开的手可以
就那么一次，使手榴弹止息
在地球的一隅
我说的是菠萝——是吗？不是石榴。

---

① 菠萝在俚语中有手榴弹的意思。
② 耶胡达·阿米亥（Yehuda Amichai，1924—2000），以色列诗人。

一处凹痕：纪念迈克尔·阿伦[1]

你祖父的牛舍里隔栏高低不一
牲畜们只在圣诞节开口
舍栏几乎无法传递我们多少意义
关于为何你教我们赏识一个退休老头[2]

有能耐接受几乎一切事情
哪怕是持证的乌鸦族人[3]发出战争的呐喊
如今你的红铅笔轻悬
我牛皮手稿页边如牛栏上搭着耙

---

① 迈克尔·阿伦（Michael Allen，1936—2011），北爱尔兰贝尔法斯特女王大学前英语系教师。

② 原文 a three-legged stool，其中一个用法是指退休金的三部分，即社会保障金（Social Security），员工养老金（employee pensions），个人储蓄金（and personal savings）。

③ 乌鸦族人（The Crow），居住地从黄石河谷直至北达科他州的印第安人。原文所写的“带牌的”（card-carrying）指的是美国印第安人事务所（Bureau of Indian Affairs，BIA）颁发的证明真实印第安人原住民身份的 BIA 卡（BIA Card）。

你祖父的牛侧腹凹痕的纵深
是他日与夜
前额抵上的距离

在二十年以手挤乳的日子里
那凹痕无法倾吐是多遥远的陆地
那你曾使我们放眼所至的远方

航　行[1]

我，同样地，跟随父亲的魂灵
自山后糊泥的茅草房
他曾在那出生和被养育
得过肺结核和猩红热

自他初次受雇的农场
到威根镇，到克鲁铁路枢纽[2]
他从一个建筑工地消失
并航行，几乎，前往阿根廷。

那山感染了榛木
建筑工地成了贫民窟
而他的航程就到了巴西。

---

① 原文为爱尔兰语。
② 此处两个地名都是英格兰西北部早期重要的铁路枢纽。

那儿他在凉台上，同一个
或许是纳粹的男人喝朗姆酒，
他的孩子们在蚊帐下熟睡。

哈利·克里夫顿诗歌译介

岛屿柠檬和世界鳗鱼

——哈利·克里夫顿与当代爱尔兰诗歌地理[①]

说起当代爱尔兰的诗歌写作，一个糟糕透顶却难以回避的问题是：何为“爱尔兰”诗歌？它必须以爱尔兰语写就，还是包括英语？如果一名诗人用爱尔兰语写作却出生于北爱尔兰，他还能否被称为“爱尔兰”的？若他以双语写作且生于爱尔兰共和国，其家族却是世代支持《联合法案》的亲英新教徒，这是否使他比一个写英语的爱尔兰天主教诗人更不“爱尔兰”？叶芝不懂爱尔兰语却是凯尔特文艺复兴之父，受益于19世纪末大量新近译自古爱尔兰语的神话、史诗与民间传说，他以个人独特的灵视法为彼时“民族文学的软蜡状态”塑型；希尼生于北爱尔兰贝尔法斯特，1972年移居都柏

① 本文正文部分收入《翡翠岛编年》(包慧怡著，上海三联书店，2015年1月)，节选曾刊于《诗东西》，2013年第六期。

林前常年任教于英属贝城皇后大学，英国评论界却一早就将他立为至少是想象中的“爱尔兰经验”的代言人，而他同时是古英语第一史诗《贝奥武甫》的译者；到了当代最活跃的一批杰出诗人诸如保罗·默顿、埃蒙·葛雷楠、哈利·克里夫顿、伯纳德·奥多诺、迈克尔·朗礼那里，情况更加复杂，他们多用英语写作，定居或长期居住在美国或欧陆国家，背负着向非爱尔兰读者介绍本国诗歌传统——其自由与焦虑，变迁与现状——的无形压力。自然这也为其中一部分人提供了重新自我塑造的机会，一如叶芝一系列新的诗学理论最终成形于美国巡回演讲，展示的压力能覆舟亦能载舟，在做得好的诗人那里，我们往往能看到世界经验与岛屿经验（“岛屿”一词的一个不受欢迎的义项是“故步自封、偏狭”）的双向反刍，如同：

变着形，一个在另一个体内，

雌雄同体，模糊不定，滑入又滑出
属地方的，属宇宙的，

阅读自身，在鳗鱼之书中

——克里夫顿《鳗鱼》

哈利·克里夫顿（Harry Clifton，1952—　）在这一类爱尔兰诗人中具有尤为丰富的迁徙经历。早年在南非和越南的难民营工作，在柬埔寨和泰国追随禅宗师父求道，中年后在巴黎定居长达十年并于近年重返故乡都柏林，羁旅与辗转并未在他的诗中表现为外在的地理志，而是冷凝和结晶成一种流动的精神版图，在那里，戏讽与怀疑、温情与悲悯都是同样克制的：

所以在黎明前醒来吧，独自吃早餐，
想想你为何来此……

……灵修大师萎缩
成皮囊与枯骨，一言不发等着你
在佛之中立国，金黄且中空，
来自内空间的微笑，超越灾祸
朝向一种古老的喜悦……

……好为了众生之福
重建那神秘，并从屈辱中复生
不涉政治之物，齐齐跪地
在僧侣与喇嘛，滋生潜流的联盟里——
为了《时代》和《生活》的闪光灯摄影师。

犹大有别的背叛。

——《托马斯·默顿之死》

这里有一种几难承受的破灭之痛，一项灵性求索事业的破产。尽管克里夫顿向来警惕凯尔特诗歌传统中喷薄抒情的一面，谨慎地将这首诗约束在继承自华兹华斯和马维尔的工整花韵之中（abcabcdd），抛弃了第一人称以维持审视的距离，那浑浊的破灭感却依然尖新：娑婆世界又称“堪忍”，到了不堪忍受之时，便是庄严时刻，若说此诗的叙述者是无神论者，那却是个自始至终渴望信仰的无神论者。青年时代的克里夫顿一直视托马斯·默顿（Thomas Merton）为自己的精神胞兄，后者是20世纪神秘主义思想家中剑走偏锋的一员，身为天主教熙笃会特拉普派僧侣却致力研究禅宗、藏密、耆那教和苏菲派，其自传《七重山》影响了一整代二战退伍兵与青年学生加入北美各地的修道院；晚年云游亚洲，1968年在曼谷触电身亡。同时，默顿还是一位杰出的诗人。前往泰国之前，默顿的阴影已在克里夫顿的诗作中闪现，泛宗教主义作为一种新的爱尔兰精神性的表达已被克里夫顿多次审视并部分否决过了，恰如他在一次题为《未经锤炼的良心：爱尔兰诗歌中的欧洲》的讲座中所言：

“在爱尔兰，我们看似一直居于基督教文明中，实际上，那只是一个基督教的时刻，一边被古老的凯尔特神祇包围——

已被选中服务于民族主义的目的——另一边则是古典神与古典英雄，现代爱尔兰诗歌带着一种复仇的意图选中它们，而它们实际上只是我们世俗的人文主义背后那些力量与本能冲动的别名。”

在叶芝那里，一句颠扑不破（也是他最爱引用）的赫拉克利特名言是：人类和神祇永远在“死着彼此的生，活着彼此的死”；在叶芝以后，乃至晚期叶芝的作品中，我们可以清楚地看到构成爱尔兰现代性主体的纯粹是人类之生。既然古老的神祇已死，或至少不再能被可信地召唤，他们在一系列重要的爱尔兰现当代诗人中如此迫切的在场又是怎么回事？奥斯丁·克拉克、保罗·默顿、帕特里克·卡瓦纳、迈克尔·朗礼、晚期的希尼……这个名单可以无限延长，克里夫顿称他们为“步入了维吉尔之疆”的诗人，一旦天主教的精神理想在二战后的爱尔兰——甚至早在20世纪20年代爱尔兰独立战争之后——遭遇实质上的破产，这些“歌唱者”便选择“尽情沐浴在古典世界的光与笑声中——神祇作为一种糟心的东西被嘲笑……借着诗性的超脱之名”。帕特里克·卡瓦纳的《史诗》是个中范例：

我打算
在巴里洛西和戈廷失去我的信仰
直到荷马的幽灵来我耳中低语
他说：我以这些吵吵嚷嚷的当地人为材料

制造了《伊利亚特》。神明们制造自己的重要性。

——《史诗》

在克里夫顿看来，古典万神庙对现代爱尔兰诗歌的另一个作用在于，将区域的、地方的、个体的感情与境遇普遍化：不再是地处欧洲极西、人称“冬境”的海波尼亚岛（爱尔兰的拉丁文旧称），而是阳光明媚的地中海沿岸，觥筹交错的巴黎、罗马、威尼斯，人人可在茶余饭后津津乐道的老欧洲；不再是淌满血与汗、手足屠杀手足、历史的新仇旧恨错综纠缠一如其荒凉泥沼上的野生石楠、疼痛的记忆历历如新的爱尔兰（克里夫顿在去年出版的新诗集《勒马上尉的冬眠》标题诗中漂亮地清算了这一主题，以他惯有的隐忍），而是抽象的、疏离的、在共同继承的古典传统中获得了必要的审美距离的欧罗巴大陆——从被真实居住的、过分拥挤的边缘，来到适用于普遍想象的、空荡荡的中心。克里夫顿对这种诗歌精神维度上的迁徙，一如他对自己多年来漂泊羁旅的物理迁徙，所持的是一种一半犬儒、一半耐心接受的暧昧态度，这种态度在一首题为《柠檬》的小诗中得到了隐喻的表达：

所有的柠檬都起于绿色，所有的柑橘属。
我们的，爱尔兰灰光孕育的果实，
冬日转为黄色。同时，整个十月，

在高窗中，比人类还要高，
道成肉身的欢愉，忤逆季节的逻辑，
继续成熟着。缓缓地，随着冬至将近，

浸透于冰冷的月光，当这株小树
自授着花粉，像一宗私人神迹
隐匿于玻璃后，躲开一个正在崩坍的世界，

独自向南去，越过贫困与死亡
奔向无限的黄色……
　　　　　　　他们已在
贩卖他，在西西里诸广场，

比白送还便宜，当太阳升起
穿过此刻的纬度，攫住不设防的我们
在一月的背极，仍在等待，

在从不会升得比自己更高的日子里
切开它，索取香味，沿着威士忌的
纹路，琴酒与保健饮品虚假的升华。

这是一首由北向南之诗，由边地到中心之诗，由寒带到温带之诗。柠檬的旅程始于私人的、神秘的、珍贵而不可言说的、有悖逻辑的、自给自足但却“正在崩坍”的地域，终结于公开的、光天化日之下的、廉价且可被肆意评论的、逻辑至上的、依赖中介却坚不可摧的领域。然而终点丝毫不比起点更真实：假萃取之名，终点实际上剥夺了徒劳守候在起点之人的具体鲜活的经验。柠檬作为一个不完美的圆，多汁而酸涩的球体，一年中最后的纯净黄色的凝聚者，始终是克里夫顿钟爱的一个神秘意象，他曾在一次朗诵会上提到自己种在都柏林家中的一棵小小的柠檬树。黄色是克里夫顿为自己选择的颜色，在下面这首关于原初记忆、致力于提纯个体经验的小诗中，黄色几乎获得了造物媒介般的神圣：

我盘坐下来，见到了与眼齐平的
黄水仙，光线正筛过它们。

从前也发生过一次。
我正在出生，那儿有黄光，

无法定义，但绝对纯洁，
使一切熠熠生辉……

……它繁衍着
无穷无尽。但绝不重复。
春天进入。它又开始建造自己的窗户

可被看见，却无法透过它看。

——《黄水仙》

每年二月底三月初，我都会在家门边的土坡上和树根下看到漫山遍野、明熠灼目的黄水仙花海，这种耐寒、花期长、无论单瓣重瓣都一样优美而生机勃勃的植物实际上已成了爱尔兰早春的计时器，比国花三叶草更为人们所爱。在这首纯粹岛屿之诗中，黄水仙变作眼睛和窗户（倒数第二行的“它”亦可解为春天，而黄水仙早已成为岛国春天的化身），连接着此在世界与看不见的彼方，即使那是个自始至终隐形的彼方。这种和解式的温柔独见于克里夫顿献给故乡的诗篇，虽然并不是遵循浪漫主义状物诗的抒情传统（可对比华兹华斯的《黄水仙》）。

事实上，作为精灵与矮仙、竖琴与风笛之邦的，在史诗与神话的广度和深度上唯一可与希腊媲美的（欧洲范围内），说着淙淙泠泠、语法优美的盖尔语的，人称仙境或翡翠岛的老爱尔兰是浪漫主义想象力最后的停尸房。一个持久有力的、局内人与局外人共同打造的“爱尔兰迷思”是：爱尔兰代表纯净的、天真的、未经文明破坏的、民族特色的，欧洲大陆则代表朽坏的、经验的、老道的、普遍的一切。正如克里夫顿任国家诗歌教授时在都柏林圣三一学院所说的：“再也没有什么比‘凯尔特薄暮’式的抒情传统——或其他任何抒情传统——腐烂得更快，假如它执意要抽去自己的智性脊柱。时至今日，爱尔兰诗歌仍想维持这种对其抒情自我的认同，于是，它将思考的那部分自己驱逐出境，去欧洲老城的沙漠里完成工作。不过，我们历来是一个将复杂的问题送去别处的国家——无论是性别的、经济的，还是诗歌的、精神的——如是就可以不再去思考它们。”

的确，为了保存这个如梦似幻的、催眠式的、田园情调的迷思，抒情的爱尔兰一次次放逐了智性的爱尔兰。当帕特里克·卡瓦纳于1952年发起对这一迷思的全面批评时，他遭到了来自国内主流诗歌界毫不留情的抨击。《尤利西斯》和《芬尼根守灵夜》时期的乔伊斯本质上是个智性诗人，其唯一不变的主题是现代城市，贝克特从来都是，晚期的叶芝也是——就一个国家诗歌精神的两个维度先后体现在同一人身上的程度而言，叶芝不愧是爱尔兰最后一个浪漫主义诗人，第一个现代主义诗人——还可以加上肖恩·奥凯西，他们都在真正的成熟期到来后移居国外，终身未返。表面看起来，只有叶芝仍与都柏林维持着紧密的联系，实际上，岛屿经验一直静静卧在他们后期作品的深处，挤满尘埃却仍微光灼烁，无可奈何却也饱含着并非感伤主义的柔情，一如克里夫顿在巴黎写下的这首回忆外祖母以及自己在西爱尔兰乡村度过的童年时光的风物之诗：

……我至今无从想象，

将世界浓缩为微观宇宙。水滴，
蕨类的叶子。在我靴底吐着泡沫，
咽喉里的钩子，马尾藻鳗鱼的
死结。它正托举着
那些距离，纯粹想象的空间
超越仅是局部了不起之物
干净一如田野的纵深。
……
我们是如何
到达此地，在这航海状态中
“温暖潮湿的冬季，凉爽湿润的夏季”
我们的房屋是这样充满卵石、贝壳与鸟鸣，
还有防风灯，掷下巨大的阴影，
钙化的鱼，风干的热带种子
无法破解，带着海洋之力
是洋流携我们到来？阴影，阿延黛婆婆——
即使在那时，我也被自己失落的来历吓得不轻。

——《洋流颂》

克里夫顿的外祖母劳拉·阿延黛来自智利，如同记忆中洋流的动向，这首诗的视角也是站在岛屿岸边，想象回返入更广阔的世界。假如一切真正的溯源只可能发生在想象中，那么，《洋流颂》末尾再度出现的鳗鱼——随繁殖需要而变更性别的、热爱迁徙的、一生一世蜕着皮的洄游生物——则是关于当代爱尔兰诗歌，乃至世界各地的侨居诗人及其诗艺的一个不俗的隐喻。

“阿延黛婆婆，你究竟来自何方？——”
一条鳗鱼扭动。本能告诉我
随它去吧。冷血地，让它融化在
自身的元素中，一份幼鳗的记忆，
绝对别处的纯粹吊篮，
史诗或传奇，为了再度重返。

——《洋流颂》

2013 年 3 月于都柏林

补　记

本书出版之时，克里夫顿已经卸任国家诗歌教授一职（通称“爱尔兰桂冠诗人”），他的前任是迈克尔·朗礼，继任者是葆拉·弥罕。我们很高兴能在本书中收录三位桂冠诗人的代表作品。这一荣誉席位本是为纪念谢默斯·希尼 1996 年获诺贝尔文学奖所设，如今希尼离世已有两年多，但我们仍可以在本书收录的四位诗人笔下读到他无可避免的在场：作为亲切的友人、导师或者远方灯塔。克里夫顿于我亦如此。我们曾一起走过石楠参天的格伦达洛河谷，清点过拉斯加尔的接骨木花苞，辨识过基利尼海滩上潮汐和风的方向，也曾在都柏林深巷里的聂丽咖啡馆有过许多闪光的交谈。即使没有诗歌，他的慷慨、善良、幽默、对人类情感睿智而宽容的洞悉力，都足以使他成为一位珍贵的朋友，永远在我心中保有特殊的位置。

近年来，除了《人间伊甸：1994至2004年间的巴黎笔记》（2007）、《诺玛上尉的冬眠》（2012）、《聚力点》（2014）等六本重量级诗集外，克里夫顿还出版了短篇小说集《贝克莱的电话》、随笔集《意大利之脊》和脍炙人口的文学论文集《爱尔兰及其异乡们》（2015），后者对自叶芝至希尼的百年爱尔兰诗歌传统的兼具智性与诗性的剖析，使他跻身于当代英语世界一流的诗人批评家之列。除了帕特里克·卡瓦纳诗歌奖、《爱尔兰时报》今日诗歌奖等国内最高诗歌奖项，精通法语和意大利语的克里夫顿也是自己最好的译者，并作为爱尔兰最优秀的当代诗人之一逐渐被世界各地的读者熟知。对于曾在都柏林渡过四年光阴，如今却远离了海波尼亚的涛声与绿影的我而言，翻译克里夫顿的诗歌也像在梳理我自己的爱尔兰记忆，让岛屿和世界在语言中向彼此溯洄，让时光的梳齿荡过地理的鱼鳞。

包慧怡

2016年3月于上海

哈利·克里夫顿诗选

云　莓

雾霭和披盖沼泽，那是冰川消逝的地方。
书上却说，是这儿，
这儿才能找到云莓——
就在这一小片土地上，在达特山脉的西坡。
我可以看见你瞪着我，
好像在说：“什么？在这种天气里？
难道野玫瑰果、正逐渐转红的山楂、致命颠茄
对你还不够？这个国家一半的树篱
正迸溅出各色毒草和万灵药，
这些还不够？”

管它叫“烤苹果”吧，像加拿大人那样，

我不在乎。阿尔卑斯山和冻原，
泥沼和枯萎的石楠，是它选定的故土。
至于我，我厌倦了
把生命缩减为一种居家的隐喻……

我想回去

就一次，在一切爱尔兰之物的背面，
去往那自由迁徙的时代。
那时，一个男人上路，脑袋里只有一个词语，
只有一块破碎罗盘的指针
为他导航，穿越现已沦为风景的地方，
受惊的羊群簇拥着
西风猎猎，吹散的沼泽棉花
颤抖如一百万名先知的胡须
正率领他们的选民离开放逐之地——
去尝尝“普遍性”结出的
淡而无味的果实，像我一样
它扎根于看不见的事物，
并且属于所有的地方。

黄水仙

我盘坐下来，见到了与眼齐平的
黄水仙，光线正筛过它们。

从前也发生过一次。
我正在出生，那儿有黄光，

无法定义，但绝对纯洁，
使一切熠熠生辉——或许是一两根静脉，

我母亲的，或我的，蛋黄
或是充血眼球里的一线血丝——

无论哪种，原初状态的世界
正在被赠予。从那以后

黄色永远是我的色彩，它繁衍着

无穷无尽。但绝不重复。

春天进入。它又开始建造自己的窗户
可被看见，却无法透过它看。

鳗 鱼

在拥挤的庭院中，在鳗鱼晚餐油腻的
蓝色烟雾里，鳗鱼冷眼看着。

他回家过夏天。她回家过夏，
变着形，一个在另一个体内，

雌雄同体，模糊不定，滑入又滑出
属地方的，属宇宙的，

阅读自身，在鳗鱼之书中，
作为一个濒临灭绝的物种，

与自身的谜题嬉戏着，续签它的护照，
纳闷着生个孩子是否可能，

不自知地渴望着秋日，那时

拖拉机整夜轰鸣，导航灯

在外面的田野里闪烁。为了城市的
夜间磷光，一生一世蜕着皮。

柠　檬

所有的柠檬都起于绿色，所有的柑橘属。
我们的，爱尔兰灰光孕育的果实，
冬日转为黄色。同时，整个十月，

在高窗中，比人类还要高，
道成肉身的欢愉，忤逆季节的逻辑，
继续成熟着。缓缓地，随着冬至将近，

浸透于冰冷的月光，当这株小树
自授着花粉，像一宗私人神迹
隐匿于玻璃后，躲开崩坍中的世界，

独自向南去，越过贫困与死亡
奔向无限的黄色……
　　　　　　　　他们已在
贩卖他，在西西里诸广场，

比白送还便宜，当太阳升起
穿过此刻的纬度，攫住不设防的我们
在一月的背极，仍在等待，

在从不会升得比自己更高的日子里
切开它，索取香味，沿着威士忌的
纹路，琴酒与保健饮品虚假的升华。

托马斯·默顿之死[①]

失去了海拔，你能看见你下方
“新年攻势”的火焰，向你的东方神秘
天启撒着谎，如同没被剪过的新闻短片
其中，历史的奴隶正散布着责谤——
因此你的头脑记录它，省略之罪孽
在一本神秘主义日记里。同时轮盘
降落至曼谷，带着天主教伟人一名
时值一九六八年，十月将尽。

清晰无误的宣言。午后一点你正穿过
防弹安全玻璃，像一份良心
被判决过滤，在身后留下
你多年前早已充耳不闻的诱惑——

---

① 原诗尾韵abcabcdd，译诗尽量保留原韵。

托马斯·默顿（Thomas Merton，1915—1968），美国神秘主义思想家及诗人，身为天主教熙笃会僧侣却致力于研究禅宗、藏密、耆那教和苏菲派，其自传《七重山》影响了一整代二战退伍兵与青年学生。

嬉皮士扒窃海洛因、女人与香精
献给美国大兵。你只随身藏下
精神生命——其余都可抛弃
如变质的麻药。很快，你将死去。

所以在黎明前醒来吧，独自吃早餐
想想你为何来此。你下方是一条河
从佛教腹地汩汩渗出，不在冥想中
却在生意里，惹人恼怒的地盘
属于军队的炖肉锅，驳船在那儿输送着
米饭和泰国妞，有漂浮的蔬种
拉扯着泊于曼谷的、毁灭者的锁链——
而你等着司机来接，在上午九点

去往城市的另一边……
　　　　灵修大师萎缩
成皮囊与枯骨，一言不发地等着你
在佛之中立国，金黄且中空，
来自内空间的微笑，超越灾祸
朝向一种古老的喜悦。旨在抗暴的绝食
穿着藏红长袍，他们剃度的信众
于街头乞讨。从空调轿车的车厢
你能看见他们经过，孤绝如你一样——

彼此疏离着，被历史打散于
巴黎和加尔各答，仅由一场临时朝圣
之空域连起。外交豁免权是
你们所擅长——好为了众生之福
重建那神秘，并从屈辱中复生，
不涉政治之物，齐齐跪地，
在僧侣与喇嘛，滋生潜流的联盟里——
为了《时代》和《生活》的闪光灯摄影师。

犹大有别的背叛。你在匈牙利餐馆
那顿最后晚餐上，在曼谷的友人里，
把敲竹杠的事留给中国服务生——
如此不谙世故。你能瞬间从腐败
突然转入智慧，借助一场电击
使你鬓发斑白，把你的危机转化成
一场反高潮。但此后你将死去，
短路的电线穿透你的头颅……

一场小小尴尬，对美国而言——
培育你的盖特塞马尼修道院
等待着它的反英雄。鹅群般的修士
这天被放至纽黑文，去识别分辨
越南亡者、 板箱中的伤员之间

来自那架空军飞机，一具属于牧师

暨圣愚的尸体——来自国际日期变更线外，

来自反抗非理性者的丛林战争外。

鸟之魑魅

他们交换了喉咙，有了鸟类的嗓音。

W.B.叶芝

要不了多久，它们就会朝我飞来，
那些鸟儿，而我蹲在这里，
在木百叶门帘中，在霓湖岸边，
独自一人，寒冷，却绝不孤独。
所有的灵魂都会朝我飞来，

它们的名字换成了
绿头鸭、红松鸡、鸳鸯、秋沙鸭，
在芦苇间啁啾着，
或是一次纯粹的起飞
在水面激起的翅浪。

世界的一半都去了南方——

现在是冬日。自我隔绝着，

不会死的，最后一个古爱尔兰隐士，

我拉起卷帘门，像举起一张书桌，

光如洪水，倾泻而入。

一座巨大的缮写室，

水天之间。东面是安特里姆郡①，

它的光之暗礁。还有远处水平面上

白鲑鱼群组成的虚线。

还有飞机，它们的飞行轨道

无穷无尽地闪烁着，

在阿尔德戈罗夫机场进进出出。

一小时后，夜幕将低垂，

冷如北极。十一月——

漫长的西南风之月份

强记着死者名录。

黑雁、疣鼻天鹅、

海鸥、潜鸟，甚至还有一只想象中的

鹏鹏，它们风笛般的尖叫

---

① 安特里姆郡（Antrim），北爱郡名，与霓湖东北岸接壤，著名的世界遗产“巨人堤道”就位于该郡。

在尘世的喧嚣中

几乎无法听到。
踩着发黑的树叶铺就的地毯，
我偶尔造访此地。现在我的心灵
搁浅，双栖在
两种元素之间。

顺风捕鸟者的猎枪的干咳声
在我耳中，它们朝我飞回，
德斯孟德、约翰尼、迈克尔、玛格丽特、查理——
去了彼方，消失了，却依然被看顾
在那逆流的暗处。

与你的家人合葬

我的四散在各地——
而你的……在卡亘山丘的背风处，
一面来自永恒的防风墙，

湿土，我骨骼的镀层，
展开自身，母系的大地，
我一生都在地上流浪，

和双人床一般大的阴谋，
今晚我躺下，拉链开着，
穿着我的生日西装。

我根本不该引你谈起
任何这类事。“即便在哪儿”
你耳语着，“我的手也会游走……”

我感觉到它，攀爬过大腿
在生中，一如在死内，一只地精
施展着它的保护系魔法，

萦绕我，直到我迫切渴求着
那场预示着更大死亡的小死。
卷须、主根、麻刺的离子

属于性和死，在黑暗的国度——
如今，我想，我将永不会在
比永恒微光更好的事物中醒来。

那儿，雨水号啕着，一如主耶稣，
在水上走着华尔兹步，
在内湖上……乡下的表亲们

在隔壁房间打着鼾，
隔壁的棺材，灯火熄灭，
我们却在忙着根与延续的

自然事工，我听见你耳语
“与我的家人合葬

感觉可好？”

第一百万次……

　　要说“是……”

像很久以前，我一定做过的那样，

就是纵身跃入比婚姻更深的地方。

在谢默斯·希尼墓前

德里郡，贝拉吉墓园

因为我熟悉这领地
并且这些年来，借着自己的灯
在此栖居

我默许自己走进去
小心翼翼，以免我的在场
惊扰安宁。

一座泥土砌成的灵柩台
高出地面，一条锁链围篱
你的防身术，抵御着

被剥夺的人们
有生命的影子，抵御着

阿卡狄亚草丛深处的

评论家。灌木中的鸟儿
雾霭之网中，那不可言说之物
啁啾的网眼

语言的纱线
被绕上了手掌，在那片
无人之疆……为你的辛劳

我感谢你。也为了你
对坟墓这一侧的离弃
霓湖，我波涛下的故土

图姆村的湖岸
还有尚未勘探过的
多斯的广袤平原，[1]

镜头中逐渐开阔的水面
那焚烧的玻璃
或是一种天真的丧失——

---

① 霓湖（Lough Neagh），图姆（Toome），多斯（Doss）皆为附近的北爱地名。

爱情汽车、周日午后、
太多的知识、降临太快的
死亡的知识

在希望与历史的
意义之后，修起的墙篱
你使它获得尊严

用迷幻爵士、混凝土块、
夜总会下半夜的节奏蓝调
那儿曾是“麋鹿”酒吧[①]

轰鸣的货车东奔西跑
在“常识”的巨大破坏力中
在精神枯竭中……

“当勃洛克大师开始吹奏风笛
外面一定在下雨。”
一次，或许，但不会再发生

---

① “麋鹿”酒吧（The Elk），曾是北爱尔斯特省中部一座乡间酒吧（由附近挖掘出的一具麋鹿骨骸得名），如今已改建为一座规模较大的夜总会。

在克兰菲德、格兰治和莫尼格拉斯
沸反盈天的酒吧里
在斯佩林山高处的

羊圈里，咔嗒咔嗒的马口铁
像一个敲门的幽灵
不请自来，返回

厄斯特省中部
每日的例行事务
这个周一早晨，四下无人

没有可消磨光阴的地方
一场同死者进行的
单边对话，要由我分享

我，我去过所有的地方
除了——家，和那些葬于此地的
屠夫们、捕鳗人们、

兽医们，还有很久以前的
斯科里安家的人、拉维提家的人、

货运马夫麦克厄林家的人、

希尼家的人、德沃林家的人，这些
当地人的名字，刻上了墓石，某一天
我会欣然加上我自己的。

萤火虫

正当它在薄暮中
蜿蜒前行，我伸手

把它捉离了飞行轨迹
仿佛上帝之手

暂时延滞它
在属于我合拢的手掌的

那些缘起和缘灭之间
掌心微微发亮，像一盏许愿灯

频频搏动着黄光，我因而
知道它还活在手心中

以祈祷的姿势

我将它捧在面前

一种原则——在夜幕垂落的路上
一颗光之芥菜籽

属于我身畔的
原子的舞蹈

由黑暗释放的那些能量
我的手，也曾参与其中。

汲　水

整日，整夜，都有水龙头在流，
来自欧洲的深处，
无法耗尽，被无视，

平息我们随意的干渴，
在去往南方的
火车站，或在这里，阿布鲁佐

从铁储水管中冰冷地涌出，
而我们盲目的嘴
吮吸着必需品，径直来自地下水层。

我们太过健康，我们不是朝圣者，
而十九世纪引向了

灾难。艾克斯和巴登巴登——[1]

那些蒸汽中的淑女如今在哪儿？
每日清晨，啜饮玻璃杯中的
硫化氢，当泵房里演奏着钢琴。

而俄国激进者们一连数小时
在他们的硫黄浴盆里又蒸又炖，
插上了大革命的阴极？

为想象的疾厄提供真实的治疗——
戴克里先的，或是韦伯芗的。[2]
历史消逝，唯众水羁留，

冒着热泡，透过它们的碳酸层，
去往大灾难的彼岸，
我们在此饮水，在被遗忘的泉源，

---

① 艾克斯（Aix），指 Aix-en-Provence，普罗旺斯地区艾克斯，法国东南部城市，位于马赛北部。该城由罗马人于公元前 123 年建立在温泉地区，作为军事殖民地，一直是温泉疗养胜地和重要的文化中心。巴登巴登（Baden Baden），德国著名温泉疗养地，巴登－符腾堡州的城市，位于德国西南部，黑森林西麓，奥斯河谷。

② 古罗马皇帝名，两人都热衷于建造温泉。

尽管欧洲的古老外壳
深达数世纪，被一个卖家禽和蔬菜的
当地商人修复，用拉丁文把他的名字镌刻。

致朝鲜作曲家曹成温

请告诉我，这一切对你意味着什么——
在西方度过的十三年，德国的夜晚
使你工作室的窗战栗
货运车辆轰隆驶过，霍亨索伦环形路
交通灯闪耀不息，科隆的喧嚣，
性爱电影院和药房，超市的灯光，
在你内部渐熄成佛教徒的唱诵。
把一切在我们之间铺开，就像你带来的茶叶

在一具瓷器上。低音谱号和表意文字
洒满地板。不容置疑，万分好奇
从一把椅子跳到另一把
查阅着标题："时钟、玩具兵和鼓
为了莱比锡合奏……"我几乎无法相信
自己听见了房间里静力的嗡声，
耳鸣，或是天体的乐音，

我问你——一位亚洲女性难道是这样

在我们之中独自生存？你没有解释
却请我听一首“更强壮的，更弱的兄弟”
儒家思想，谱成一个年迈女性的
嗓音。从前，一只鸟儿南飞
春天返回，口中衔着两粒南瓜子，
*刚强者亏损，软弱者增益——*①
可是拜托，别说教！“东方与西方……”
你微笑着换了色带，扭动打字机把手

使我们快进到当前的世纪。
沉默。一声鼓点。观众席里的一声咳嗽
尴尬地，等待着
倾听着自身，在音节与音节间恐怖的空白里。
我看向你，你也回看我。
歌行瘫痪时，只能听见这种声音？
轻拍鼓点之声、行进仪式拖沓的脚步声
在最后一个少年国王的宫廷里，而他早被斩首。

轻弹键盘，让我们重新栽入缄默，

① 一则朝鲜民间故事的片段，后被谱作歌剧。

真正的、当代的缄默。茶在我们之间
变冷，我看着你，当夜色渐深
侧耳聆听楼梯上的黑帮，他们
窥视你做爱，诅咒你的笑声，
翻抢你的垃圾，咬断你的电线
第二天早上再给你送来恐吓信。
“现在我只能为痛苦之门槛谱曲……”

你旁若无人地说，“潜意识的叹息，
一颗水滴，钟之嘀嗒，
或是啸叫的千赫——中间什么也没有。”
走廊里，脚步声在公寓楼中炸开
犹如回音室，把恐惧带入你眼中
直到它们消逝，科隆的噪声
重新占了上风，节奏蓝调
在声波真空中，那儿，每个人都孤独。

诗人桑德罗·佩纳，垂暮之年[1]

有些人会搭乘炮车
离开这世界，身披国家旗帜
像我的朋友蒙塔莱
总是那么小心，那么精明，
那么政治正确，
议会里占一席之地，拿过诺贝尔奖
像一座优雅之国
至少是，在永恒暗夜的这一侧——

也有那些，像我的老朋友
帕索里尼，血污的脑袋
被一名开球的男伎

---

① 桑德罗·佩纳（Sandro Penna，1906—1977），意大利同性恋诗人，与同乡诗人蒙塔莱（Montale Eugenio，1896—1981）和同性恋导演帕索里尼（1922—1975）未必熟识，此为克里夫顿虚构的独白诗。蒙塔莱第一本诗集《乌贼骨》中亦有一首题为《柠檬》的诗，可与克里夫顿的同题诗对照阅读。

飞脚踢进奥斯蒂亚——本来
很有可能是他和我！——
把罗马的晚报溅得一塌糊涂
众目睽睽下，以丑闻收场
在本我的地下世界——

还有我
桑德罗·佩纳，上个夏天
年已七旬，没有喝彩的投票
没有性爱诗集的
未删节版。终我一生
始终幻想着美少年。
因此评论家们称我是“最后一个希腊人
最古老的人类……”

恩尼斯托、昆提里奥、心爱的拉斐尔——
一支香烟或一客冰淇淋
就能买下你的爱抚，在特米尼火车站外。[1]
我对你的美丽坚信不疑
当来自盖世太保总部的
饱受折磨的惨叫在我们耳中尖啸

① 特米尼（Termini），罗马市区最大的中央火车站。

穿越数不尽的德军占领月。
你是否只能从我被咬掉的指甲
认出我，如同所有的鸡奸者？

戊巴比妥钠、硝基安定、他伐尔和密他苏
把我的尿变蓝——
我老了，一个人。我的名誉？看不见——
一个诗人，他们说，那是少数
透过二十世纪的层层迷雾看见了
普遍之物，看见太阳穿云而出的人。
对那些新闻记者
我只能说（甚至不试图被听懂）：
“我的过去，可笑至极……”

缝衣女

我有一位缝衣女，为我做衬衣
在阴惨惨的天气，在我们一起的月份里。

她用卷尺量我的肩，我的脊背能感到
她木尺的凉爽，向一种

暂时的约束屈服，将我绑在
新奇事物之上。我们一起沦陷

在蓝色的荫翳中，忧伤的盛宴
由一种丝虫文化所创，一如中国裁缝们

站着，等候着，于我那是梦的材质
于她是爱的劳作……在她以柱子撑起的屋中

女人仍是奴隶，她缝纫着我所要求的

纯粹自由的无领衣裳。

当我离开，她只为自己保留了
裁缝干燥的粉笔，和一具身体的轮廓图。

上帝在法国

在法国当上帝，那儿再没人信教。
没有使命，整天坐在咖啡馆里……
犹太谚语

伊斯兰教的安拉！犹太人的耶和华！
他们在呼唤我
从巴黎各处。安息日，可是好上帝
却消失了。我解放自己，摆脱
清真寺的周五，那堆臭鞋子，
数以千计的祈祷者；摆脱周六的托拉经卷，
以及点亮的多枝烛台，还有礼拜天救人的灵魂——
来自道本顿、罗西耶、圣热尔韦——
为了再度栖居于肉身，*感性的普通人*！[1]

① 原文为法语。

漂浮于日常之上。街道即景，玻璃咖啡馆
是我选择的战场。
无论我需要什么，都能轻易找到，
在几平方英里范围内。按摩、放血、
地中海贫血和水疗法，
圣吉纳维芙山[1]和它的诠释学，
属于中坚分子的克利希[2]，纯粹*健康*的
高潮和低谷，如同掌中之鸟。
噢当然，若我想要女人，我知道去哪儿找——

并且谁能拒绝我？人类啊，我所有的地平线
都可乘坐火车抵达，
从奥斯特利兹、圣拉扎尔、里昂站——[3]
倒不是说我需要这些。像“由理生”般[4]
无处不在，眼观万物，
我可以坐在这儿用餐，同时看见
诺曼底的苹果产区，或是南方的光波

---

① 圣吉纳维芙山（Mont Saint Gevevieve），巴黎第五区塞纳河左岸的一座小丘，登顶可参观万神殿和圣吉纳维芙图书馆，后者常挤满来自附近索邦、巴黎高师、综合理工学院等校的大学生。

② 克利希（Clichy），巴黎西北部一个工业郊区，7 世纪时曾是默洛温王朝王家住地。

③ 三者皆为巴黎市内重要火车站。

④ 由理生（Urizen），英国诗人威廉·布莱克长诗《四天神》（*Vala, or the Four Zoas*）中的天神之一，专横独断，抽象理性的象征。

碎裂在海岸。没有人能不让我
享受春日河口中西鲱的闪光。

悠长的加仑河——那精美的鱼肉，
　　鱼刺戳进了
二十个世纪的喉咙。鱼之秘符[1]
如同雷南的基督[2]，正在死去，缓慢灭绝于
乏味的山村，普鲁斯特式的尖塔，
外省时光，罗歇尔海港外
回音袅袅的舰队，死于沉睡的卢瓦河谷，
几乎太过整全的快乐，
在米其林轮胎上飞驰的礼拜天下午。

这可怕吗？告诉我，这可悲吗？
　　诸神的夜晚，
缺席、隐遁、退位的诸神？
我是否得跪在火车站的流浪汉前，
剥下他臭烘烘的运动鞋，为他洗脚，
让拿周薪的奴隶们惊诧？要我以何种名义

---

① Ichthyus，源自希腊语 ikhthýs（鱼），早期基督教用于指代耶稣的符号。

② 雷南（Joseph Ernest Renan，1823—1892），法国语文学家、哲学家、历史学家，精于中东古代语言与文化，代表作《基督生平》（*Vie de Jésus*，1863，简称《基督》）影响极广泛深远却又备受争议。

用大麻之火或者鞭笞之绳
把半夜活动的哲学家
赶出他们的电视演播室和转椅?

不，恰恰相反，我选择坐在这里，等待——
　　一份正餐，一份加奶咖啡，
一个格罗格酒疯子。其他不论，我有的是时间——
让末日审判自顾自儿。要庆祝——
那是唯一的命令。任意性和流变
萦绕正在用餐的我，
被女人的近在咫尺所佑，她们的性征
在夏裙里被吹了个透，热爱我的食物，
像她们口中男人应有的样子，也爱我的自由。

洋流颂

——纪念劳拉·阿延黛（1907—1984）

在我们西边，如一则未讲述的史诗，
巨大而沉默，写在空气与水之中，
营养盐粒，冰冷的墙与浓雾河岸
融解于彼此，在岛屿之间
开辟它们的道路，博芬，因尼斯图克，
还有基拉里港九英里的曲折峡湾，
维特根斯坦的茅屋，奥尼·金的邮局，
法赫梯家，在外面的避暑屋四周，
洋流奔涌穿过童年
　　　　　　高高的内地。
我停留了一分钟。因为它正托举着
那遮蔽了十码之内的一切的
永恒之雾——从海面撤离的雾
我至今无从想象，
将世界浓缩为微观宇宙。水滴，
蕨类的叶子。在我靴底吐着泡沫，

咽喉里的钩子，马尾藻鳗鱼的
死结。它正托举着
那些距离，纯粹想象的空间
超越仅是局部了不起之物
干净一如田野的纵深。去往西边
是卡尼家的田亩和他的马铃薯，
穆勒格拉斯陡岬，以及它的坟场
毗邻虚无。远处寂静无声——
大海的碎涛，一路向浪尖攀升。
其余是一则传奇，仿佛仍等待被拼起。

是的，真的，我们是非同寻常之家——
阿延黛婆婆，我们的母系祖先，
阿茹卡尼亚颧骨，几乎是本地的，
在伦敦另拥有一种生活，在此避暑，
我们伟大的谜。我自问，即使在那时
羽翼未丰的十二三岁，我们是如何
到达此地，在这航海状态中
“温暖潮湿的冬季，凉爽湿润的夏季”
我们的房屋是这样充满卵石、贝壳与鸟鸣，
还有防风灯，掷下巨大的阴影，
钙化的鱼，风干的热带种子
无法破解，带着海洋之力

是洋流携我们到来？阴影，阿延黛婆婆——
即使在那时，我也被自己失落的来历吓得不轻。
倒不是说它在这儿，在任何地方有什么关系。
维特根斯坦，他们说，是个怪得要命的人。
而斯莱皮·法赫梯的一只手被钩子代替，
在他的花棚里撒盐、吸烟、治愈……
过冬用的竹鱼、鳕鱼与明太鱼。
大普莱斯顿，从日本军营归来，
姘上个当地姑娘。诺拉·博克
被她男人抛弃，在新婚当夜，
那人独自种地。

在我的心灵之眼中

我能看见她坐在那儿，整个七月
嗖嗖挥着大剪子。我能看见他们所有人，
洋流的住民们，本地的，渺小的，
埋头各自事务中的。奥尼·金
连同他的羊粪蛋和收到一周的电报，
偷听格陵兰与晚夏旅程的消息，
厄明格，亨伯特，挪威湾流，
等候着非法捕鱼者的月亮。它将再度落下，
那北大西洋迷雾，那冗长的抑郁
一直延伸到北极。鼓风，雨暴，
北方的黑暗，夜色正聚拢来。

我会否认每件事。整整几十年将流逝。

与此同时却在草中，杀不死的——
“阿延黛婆婆，你究竟来自何方？——”
一条鳗鱼扭动。本能告诉我
随它去吧。冷血地让它融化
在自身的元素中，一份幼鳗的记忆，
绝对别处的纯粹吊篮，
史诗或传奇，为了再度重返。

葆拉·弥罕诗歌译介

想象的玻璃上真实的霜花

“诗歌可以被看作一种词语的磋商：在意识与无意识之间，在注意力休憩于虚空中、随时准备迎接别处灵感之地，以及人类聚精会神、让严苛的技艺找到自己的天然之家的地方。下面是关于诗艺的九组冥想……关于我圆帽中任性却又意图清晰的，蜜蜂的飞行。”

这是葆拉·弥罕（Paula Meehan，1955—　）接任哈利·克里夫顿担任爱尔兰国家诗歌教授，2014 年 2 月在都柏林大学就职演讲的开篇。在讲座的头半个小时里，我一直以为自己在听一首素体长诗：这位银发飘逸如雪狐、当代爱尔兰最出色的女诗人与其说是在演讲，不如说是在唱诵（chanting），低沉而向内坍塌的嗓音里飞舞着玫瑰、如尼字符、迷途的星星。毫无防备地，我的眼中被洒进了精灵花粉，当我陡然振作，发现这终究是一个凡人在读一篇散文——散文！多么亲和，多易于掌控！我确信能自如地从中抽捻出逻辑之丝，确定所处的经纬。可我已经迷失太深，代达罗斯用纤亮的蜂蜜建造他的纯金迷宫，弥罕也用语词的芬芳——或者莫如说是词源的芬芳——引诱了我。我一步步深入蓝紫色的琉璃苣花园（琉璃苣，别名星花、蜜蜂花，花汁掺上酒就是荷马笔下完美的忘忧汤，弥罕提醒我们；而伯顿则在《忧郁的剖析》中喃喃道："它能很好地缓解从薄暮时分的抑郁中升起的乌烟瘴气"），抛掷在地上的词语形成一种诱饵路标，我循踪而去，去到花园香气最甚的深处。我忘记了但丁的法则，忘了倒着爬上地狱最深处撒旦躯干的人将在地球的另一端落脚，而花园的中心恰恰通向花园墙外。站在墙外，站在蜂群嗡鸣中出神，我忘了说，如伊丽莎白·毕肖普曾说过的那样，"我们已经走了这么多路"。

弥罕没有忘记说，她吐字清晰如女祭司："词源是词语的幽灵生命，每个词都带着它幽秘的历史，如果我们能追溯得足够久远，就能听到一百万年前的蜜蜂在琥珀里振翅的声响。"弥罕活在词语的幽灵生命里，或许最好的例子是那首精巧如六边形的《阿尔忒弥斯的慰藉》——她后来将这个标题用于另一篇演讲稿——弥罕以词源纺出阿尔忒弥斯、阿卡迪亚、北极、银叶蒿、苦艾酒之间隐形的时空之网（遗憾的是汉译永远无法捕捉这张网），为月神书写一份全新的神谱。这首诗如此开始：

我读到过，每只活着的北极熊都有着
来自同一只母熊的线粒体DNA，一只爱尔兰棕熊
一度浪游穿越了最后的冰川纪……

在同名散文中，弥罕称自己的祖父瓦特·弥罕——也就是《纪念教我读书写字的祖父瓦蒂》一诗中的瓦蒂——为“爷爷熊”。爷爷熊常扔给小熊葆拉一支铅笔和一页报纸，让她把所有字母O的中空部分涂黑。小熊被成双出现的、如一对黑眸向外凝视的实心O迷住了——月亮(moon)、昏迷(swoon)、勺子（spoon）、愚人（fool）——逐渐又向D、B、P、Q进军，直到报纸上再也不剩下含有中空部分的字母，“如此我学会了认字”。如同中世纪缮写室内的细密画家，不将空心首字母以藤蔓和异形动物装饰得满满当当就不能心安，小熊葆拉握着笔迈出童年，迈向她的下几任精神导师：在都柏林圣三一学院是古典学家斯坦福德（W.B.Stanford），在东华盛顿大学（弥罕在那里获得写作奖学金并取得MFA学位）则是旅美爱尔兰诗人麦考莱(James J.McAuley，弥罕将组诗《堪舆》中的《老教授》一篇献给他)，以及美国垮掉派诗人施耐德(Gary Snyder）。

但她并非什么优等生型诗人，实际上，出生于都柏林市北郊芬格拉斯工人家庭的弥罕集齐了一个叛逆青春期的寻常要素：玩摇滚写话剧、挑战修女和教会权威、组织学潮抗议被初中（圣米迦勒圣信修道院）开除。此后她进入职业学校，

靠自学考进圣三一学院：“在那个年代的都柏林，万事万物都在向我们低语：女孩不需要教育。我们学习的都是些为了让年轻姑娘进入服务业或是工厂的技能。很早就能读写，这成了我的独立武器。”弥罕对自己阶级和性别身份的绝对坦诚是她最有力的那部分诗歌的衬底。借用爱尔兰现任总统、诗人希金斯（Michael D.Higgins）在她的国家诗歌教授任命礼上的话，“她焊合了来自街头和来自学院的能量”。是长诗《家》的开篇和结尾段让我视她为一位最可尊敬的同行：

我是那个靠一张音乐地图寻找归家路的盲女人。
当我体内的歌就是我从这个世界听到的歌
我就到了家。它尚未被写下，我不记得歌词。
我知道当我听到它时就是我创造了它。我将会回家。
……
这是我最后的旅途。我的诗行虽然颤颤巍巍，却为我
拼出一张有意义的地图。无论在何处，当我体内的歌
就是我从这个世界听到的歌，我会卸下重负
入睡。我会把我最后躺卧的地方叫作家。

这可能是我读过最动人的、女诗人关于自身天命的自白。

如果存在什么真正的家，就是我们在这个流离溃散的世界上用手艺为自己筑造的家；如果存在一条归家路，就是我们将自己精炼成宇宙音乐无阻通过的乐器之路。诗中的“地图”是弥罕最心爱的意象之一，在《田野之死》一诗中，地图测绘属于机械记忆的阵营，在《家》中却是一种理解乃至参与创造个人命运的会呼吸的工具，一如她工具箱中的其他：塔罗牌（弥罕使用的是元素塔罗）、古典占星、易卜。她运用它们如卡尔维诺写作《命运交叉的城堡》或霍杜罗夫斯基拍摄《圣山》，而非闵福德译解《周易》。由八十一首短诗组成、每首诗长九行、每行诗含九个音节的长篇组诗《堪舆》（Geomantic）是弥罕这一写作特色的集大成之作。拙文起笔之时恰逢圣布丽吉特日（Imbolc，布丽吉特为爱尔兰女性的主保圣人，诗人、井水和矿物的守护者，其圣节被称作“诗人之春”）前夕，上海落着罕见的鹅毛大雪，都柏林照旧细雨淅沥，是夜弥罕从都柏林给我寄来八十一首中的最后两首，并附言：“我将《堪舆》献给圣布丽吉特，一位藏在多重伪装下的异教缪思，也愿她对你的劳作充满善意。”我想《堪舆》一定受到了九位缪思的共同祝福，它就像一头骨骼精巧、皮毛华丽的巨兽，匀称地呼吸着走出语言的莽林，骄傲地抖去耳后新鲜的落雪。《淮南子》载：“堪，天道也；舆，地道也”，“堪舆”即天地之学，以河图洛书为基础，结合八卦九星和阴阳五行的生克制化而自成理论，糅合了天道运行、地气流转和人世悲欢。故而我没有将诗题“Geomantic”译作“风水”：弥罕这组倾注心血的长诗有更恢宏也更幽微的形而上和美学上的野心。

去年一月，因为一个美妙的意外，正在都柏林北郊霍斯湾沿海散步的弥罕和我受邀走进了叶芝度过少年时期、写下第一首诗的房间（这栋位于霍斯的故居门口虽然挂有蓝色纪念匾，如今却是私人住宅，并不对外开放）：狭小的房间里开着一扇更狭小的窗，正对着缎子蓝的海面以及不远处海中央的小岛“爱尔兰之眼”。沐浴在破窗而入的带盐味的海风中，我想着那个曾沐浴着同样的海风、在纸上涂抹音节的少年。“我最喜欢作为梦想家的叶芝，”身边的弥罕喃喃道，“而不是作为剧院经理和政治活动家的他。”我无法忘记弥罕是一位和叶芝一样醉心玄学的诗人，更无法忘记她是一位或许比后者更有成就的剧作家：在业已出版的《被冬日标记的人》《法身》《画雨》等十本诗集之外，她还是十余部话剧、广播剧、改编剧的作者，赢得过和诗歌奖项同样多的剧作奖。在近作《献给狗的音乐：三部广播剧》中，你会惊喜地发现，爱尔兰这个古老的戏剧与诗歌之国又为我们带来一位对两门手艺同等精通的好女巫。

收在这个集子里的弥罕诗作中，有六首初译于2014年底：当时弥罕随希金斯总统访华，在故宫音乐厅朗诵了那六首诗，拙译被印成小册子发给在场的中国读者。借此集结机会，我对这部分译诗做了修订。其余译诗则陆续完成和润色于2014年至2016年间。弥罕曾在答《爱尔兰时报》的一次采访中说：

“写诗就像孩子蹲在窗边，用呼吸在玻璃上吹出霜花。所有人都做过。而我依然在做。”谨以此微末的努力献给那个永恒白日梦中的孩子，献给我们一起在霍斯海滩上留下的脚印，以及弥罕的每一位潜在读者：愿你们想象的玻璃上凝满真实的霜花。

包慧怡
2016 年 2 月于上海

葆拉·弥罕诗选

井

我通过魔法而非视力认识这条路。
在我身后的山坡上，小屋的灯光
犹如一颗迷途的星星。月亮
飞快地亏缺着，每片草叶都是寒霜
镌下的如尼字符。太多人走过这条路。
我拽着一只桶走过荆棘和黑刺李。
我通过魔法而非视力认识这条路。
次日清晨，当我衣冠不整地回家
我无法说明井边发生了什么。
我说我被精灵施了迷咒，精灵
看守着地球深处沸腾的水源
你对我的解释不屑一顾

即使我给你看了洒落在我
桶底的事物——一轮金黄的亏月
七颗银色星星，我们走廊里的灯
窗边凝视着夜色的你的脸庞。

民间故事

一位年轻人爱上了真理，满世界寻找她。在一片森林中，在林中空地上的一栋小屋里，他找到了她。她驼着背，老态龙钟。他宣誓效忠于她——伐木，汲水，采集根、茎、叶、花，一切她工作所需的植物种子。

许多年过去了。一天，年轻人醒来，突然渴望要个孩子。他找到老妇人，请求被免除誓言的约束，好让他重返世界。“没问题，”她说，“只有一个条件：你必须告诉世人，我貌美又年轻。”

纪念教我读书写字的祖父瓦蒂

献给谢默斯·希尼

穿过梅丽安广场积雪的小路
走向国家历史博物馆，城市
四下寂静，公园无人问津，我从白日梦中
抬起头：一片起伏的树枝网，光秃秃
衬着珍珠灰的天空。那儿，仿佛乳白色大海上
一艘三层桨的战船，又如某种高空生物
返巢降落，一单携带森林基因的货物
只从胆汁、纸浆、书页、树叶之光、羽毛中孕育。
是什么在橡树高处攥紧那本书？
一个被赶出学校的孩童，向天国抛开乏味的枷锁？
一件来自前卫艺术家的生态装置？
还是书本与同类共处的深沉需要——
一块小小树根，再次被祖父搂入怀中，摆脱了
她的历史、咒符、如尼文，还有她式微的魅力？

游牧人的心

有时，仰望寒冷冬夜的群星
你能感觉变幻不息的星系中
地球旋转的动作，一整条
银河之路嗡嗡作响，犹如蜂巢。

他们说，在路上总比到达好——
停留不过是迁徙途中烦冗的
常规手续。有时，灵魂不过是渴望
一个免于俗世战争的歇脚处。

街灯三三两两地亮起
落叶在脏水潭里结成坚硬的冰
车被堵在路上或低哮着向家驶去。

若我们没有被迫下跪，我们就会
在感恩和赞美，在信与望中跪下——法之统御
清晰地刻绘在苍空浩瀚的圆穹。

家

我是那个靠一张音乐地图寻找归家路的盲女人。
当我体内的歌就是我从这个世界听到的歌
我就到了家。它尚未被写下，我不记得歌词。
我知道当我听到它时就是我创造了它。我将会回家。

我在利特雷姆郡听过的一个版本很接近，那是周二的雨夜
在肖恩·雷利希酒吧。我专程而来，为了
幻象和传说逗留。业主说时间到了
音乐干涸，装饰音隐入黑夜。
当自动点唱机刺耳响起，我只剩四种感官而晕头转向
别无选择我只好上路。在十一月的格拉芙顿街
我听见一声巨响：一位流浪艺人用迪吉里杜管
把我吹去了博特尼海湾。那音调太过久远，无法栖身
却刻上了我的白骨。前世我可能是一只袋鼠
在黄金时代中摇摆，为越过波涛的船只定罪。

在某个冬夜的拼图工厂，我确信我到了家。
那多种语言的对话，那些谜语和韵脚奏出一个和弦
破开了药品的迷雾。我的节奏紧张又分裂
我催眠自己返回子宫，我母亲的心脏
击打着她和她的世界的鼓点。我受骗于
她的伴唱，和我自己的歌如此接近。于是我转而
爱上跳舞；我飞旋如一名托钵僧。我发誓听见了
天体运转的微妙音乐。那不是可以栖身的地方——但
在远处，在太空中，夜晚遗世独立地高悬。
那曲调实际上是一种机械的轰鸣；
我是一只可怜的走钢丝的猴。我返回地球
那儿有陆地，雨落上我的脸，阳光洒上我的头发。我感恩。

明智的妇人说，你必须栖身于自己的皮肤，管它叫家
无论它如何被世界滥用又如何褴褛破碎，你总会愈合。
今天早上九点的邮班送来一封信。
文物修复部门，我怪谁?
修女？你的母亲？国家？只要提供打钩框
我们会考虑你的案子。我正烧掉我的肥皂箱，我这就
搭乘下一班火车。无归属地的公民，名下一无所有。

这是我最后的旅途。我的诗行虽然颤颤巍巍，却为我
拼出一张有意义的地图。无论在何处，当我体内的歌

就是我从这个世界听到的歌，我会卸下重负
入睡。我会把我最后躺卧的地方叫作家。

法　身

当你迈步踏入死亡
深深呼吸着
你将在这具肉身中
吸入的最后气息

记住你上街时的第一步——
足球，还有它坠落时投下的
阴影——坠入沉默。缓慢地
吐气

在足尖再次触碰坚实的大地前
在城市的雨
洗刷干净
你的全部足迹之前。

记住有次在林中，你那样

温柔地走过一条小路
没折断一根树枝
没惊动一只鸟儿。

在呼吸与止息之间
用双手掬着自己的死亡
你为我们带回家的
一份礼品，一碗神恩——

在混沌的流变中，在满街
幽灵和被救赎者们
一刻不歇的嘉年华里
成为一片沉寂的池塘。

田野之死

成为一个地点那天，这片田野死了
告示牌竖起：芬戈郡议会——四十四座房屋

田野的记忆随着它的草木一起失落

尽管斑尾林鸽仍在柳树梢
沙雀仍在残余的山楂树篱
鹡鸰仍在接骨木丛
继续唱着它们饥饿的夏日歌谣

喜鹊歌声犹如插翅的响板

田野的记忆随着它的植被一起消逝：
谁会知晓蓍草的渴望
或者紫蘩蒌的困扰
——当它实际上是橘红色的？

田野终结处就是那些藏身穴的终结处
在那儿，伴随着淡甘菊的气息
有人品尝了最初的香烟、最初的毒品、最初的爱抚

田野终结处，就我们所知，就是地产开始处
这个地点要被种上两间或三间卧室的房屋
悲伤与化学药品之巢，欢乐的货物

蒲公英的终点是“闪电”厨房清洁剂的起点
酢浆草的终点是“誓言”地板清洁剂的起点
川续断的终点是“爱丽尔”去污剂的起点
月见草的终点是“布立洛”泡沫擦的起点
蓟类的终点是“跳跃”柔软剂的起点
黑刺李的终点是“有氧运动”洗衣粉的起点
老鹳草的终点是“布拉索”抛光剂的起点
小米草的终点是“佩索”洗涤剂的起点

我们之中有谁能清点草木的终点
清点所有正在抽芽的草尖的失落？

　　　　　　　　我将在月光下
光脚走到户外，为了感知那片田野

要用我的脚跟聆听
无数唱着歌的翠绿草叶的生命
百万、百万计的有翅生物之圈

为了在田野变成地图式记忆之前
（在某个建筑师屏幕上的某宗档案里）
能占有田野，或让它占有我
用它晚间的露珠，它皎洁如月的胎膜
用它的光滑、它的熠熠生辉、它的放浪不羁
于鸟儿每次鼓翼的瞬息，于时间的每次心跳。

骨　灰

潮涨，潮落。淘洗着
暴风雨在海滩上遗弃的一切
那曾是礁岩的地方，如今是沙滩；
昨日的沙滩，化作裸露的岩石。

因此我思忖，她那已然变形的
生命的残骸，会在哪里着陆
已经一年了，自从我亲手将它们洒出
——想让不屈不挠的时钟停摆。

那亲手结束自己生命的人无法知晓
我对被她放弃的一切所怀抱的
简单的爱。我没能救她。我甚至没能
试上一试。我注视风朝懈怠的帆中
吹入生命：经纱抵御纬纱的力量
托举着失速的船只，将它推入大海。

种　子

春天的第一个暖日头
我从一座希望已死绝的
房屋的荫翳中走出，踏入花园
去清点风暴造成的损失，去寻觅
可能存活下来的生命。我找到一些
上个秋天撒种播下的、被遗忘的鲁冰花
每一朵的手指间都捧着一滴雨
像一份和平祈愿，或是一个誓言
我突然如此感恩，如果我能够
相信上帝，我就会献上一篇祷文。
可我并不相信，我只好祝福
种子之力，它随意而有用的坚韧
祝福太阳的力量，祝福
它与地下世界的合谋
并感谢我的群星：冬日已尽。

父亲以圣方济各的幻象现身

是隔壁花园里那匹花斑马
黎明时分一声嘶鸣
把我惊离了梦乡。我回到
这栋房屋的储藏室
现在已经是我哥的房间
塞满了领带、毛衣和秘密。
酒瓶在门阶上响叮当
头班巴士进了站。
屋里其他人都在沉睡

除了我父亲。我听见他
从壁炉里耙出余烬
给水壶插上电，哼出一个小曲片段。
然后他打开后门
走入花园。

秋日将尽，初霜
染白了屋顶。
他比我想象的更老
头发完全变银了
头一次，我看见他
肩膀的弯曲，看见他的腿
已僵硬。他要做什么？
这么一大早，当星星仍垂在西天？

接着，它们莅临：
五彩斑斓、形影各异的鸟儿；它们
来自树篱和灌木群
来自屋檐和花园棚屋
来自工业区和蔓延的田野
它们来自德波克鲁斯[①]
以及北马路的沟渠。

花园中一片喧嚣
当我的父亲伸出双手
把面包屑向空中抛洒。朝阳

① 德波克鲁斯（Dubber Cross）：都柏林11区芬格拉斯某工业区所在的地点。

照亮了奥莱利家的烟囱
而他忽然熠熠生辉
圣方济各的完美幻象
再次齐整，再次青春洋溢
在芬格拉斯的一座花园里。

阿尔忒弥斯的慰藉

给卡翠欧娜·克罗

我读到过，每只活着的北极熊都有着
来自同一只母熊的线粒体 DNA，一只爱尔兰棕熊
一度浪游穿越了最后的冰川纪，我感到快慰。
这是一个漫长而炎热的上午，机械的孩子

聊着记忆，聊着购买记忆，廉价购买记忆，而我
背负守护记忆的天职，扫描被那永恒黄金蜂巢的心灵
所编码的时间。我烧掉书本，烧掉我的整座档案馆：
烤炙的火焰，神经突触点燃一个个细胞，记忆在此

沉睡于我融化中的、必朽的巢蜜的蜡制六边形。
我看见他穿过广袤的冰原朝我大步慢跑
来到我等待着的洞口，梦见我兽穴周围的幼崽
我那些甜蜜的孩儿，散发雪和甘美的遗忘气息。

切面钻石，他的呼吸

“一吨煤矿和一吨羽毛——谁更重？”

我父亲的死像一根羽毛般压着我；
他为最后一口呼吸所做的挣扎
是耀眼的万灵节天气里一颗钻石。

如同《镜子》一书中落下的散页——
有毒废料场：银行损失数十亿：试管生产：
——我父亲的呼吸难以吹动一根羽翼。

邓恩达克和奥特塞特的赛马胜负难分；
“红色年华”是他认为尚有价值的良驹
前提是天时地利。

做了一半的填字游戏：横十，八个字母，
“女儿”。竖九，“勇敢”——不！——“狂野”。

竖七，“壁炉”。词语本身轻盈如任何羽毛

我可以肩负未来的每一步
沿着我平缓或崎岖的路廓
无论发生什么，无论天气何等险恶。

在收容所的花园里，一个孩子的笑声
像干枯的树叶落上黑黢黢的硬土
那是我父亲的死——一根羽毛的重量，
当我拖着浪荡的脚步进入莅临的寒冬。

她不知道她正死去，但她的诗知道

给乔迪·艾伦·鲁道夫

她不知道她正死去，但她的诗知道。
它们一如往昔，坚持着。它们懂得

每个月亮都是一轮渐亏月
每朵花儿，都已过了盛期；

她出生的城市是一座鬼城
甚至幽灵也耗尽了她的怜悯；

她的旧情人，母亲，失去的孩子
都被胡乱炖入了幽灵锅。

当她在一行诗中写下“丽恩湖”
是为了有毒的海藻渣，那棕绿色的

在水面四散蔓延的污点
莪辛曾在这些湖岸边猎鹿

穿梭于魔雾，它昭示着妮芙的到来。[①]
古老的语言本身就是哀悼的因由。

这么多垂死的语言。她写了一首颂诗
献给中国中部的女书，她所知道的

最后一种专属女性的文字，它也随着
湖南省九十八岁的阳焕宜一起死去，这诗

可被读作她本人之死的预兆。
诗行自然在不断变短，一如呼吸

正在不断稀薄，修辞枯寡
这诗是一辆马车，一驾灵车

嘚嘚前行，不再是桀骜少年时代，光背
指节发白，凌驾于雷潮之上雷霆的旅程。

---

① 莪辛（Oisin）和妮芙（Niamh）都是古爱尔兰神话中的人物。

诗歌将她死亡的秘密向她藏起：
当缆绳在水中松开，而她的小舟

开始缓慢地漂游，进入光——
失去了舵，侧支索不再紧绷

云朵是桅杆尖端一片破碎的旗帜。
她终于可以顺着浪潮，随心所往。

她的死亡属于诗歌；它们藏起这死
不向她展示，因为知道她不会接受。

白猫攀哥儿再世[1]

在这希腊山村的
边界

像只梭球
野性，充满疑心；

每天早晨当我疾书
在五月的眩光下

她在阳光下捕捉蜥蜴
一只接一只

她把它们带来我脚边
先杀再吃

① 攀哥儿（Pangur Bán），9世纪爱尔兰语“修院抒情诗”《学者和他的猫》中的猫咪主人公，很可能是最早出现在爱尔兰文学中的猫。

先吞肚子，然后是头
直到抽搐的尾巴尖

只剩下闪光的小牙。
只有她和我

在塞尔马古城边缘
一场不合时宜的温泉泳

两人天生都是捕手
但她的手艺比我精湛百倍。

堪舆（选三）[1]

群　月

群月如花瓣漂流于溪面：
夜月与昼月，蚀中之月
寒冬夜空中娉婷的新月
秋分之满月——一颗金球；
我初次呼吸之月，母亲之死
祖父之月，父亲脆弱的扁舟
我痛失的孩儿之月，姐姐坠落
我爱人白日梦的月亮
我生活的群月浮游于溪流。

① 长篇组诗《堪舆》为弥罕最重要的近作，由八十一首短诗组成，除个别例外，每首诗长九行，每行诗都含九个音节，九是弥罕最喜爱的数字。汉译尽量复制其节律，但难免有诸多缺憾。

信　任

把她留在圣母的膝头——
她对精神失常者的安置建议
当我们对他们的疯狂关上门。
她对自己的女儿砰上门
把她留给城市的特许街
从丽妃河的黑水中找到她[①]
在圣诞前一周被冲上岸。
城市被攥在最冷酷的寒霜手中
在一种新型的严苛到来前夕。

老教授

他不仅是不记得你
他已记不起任何事情：
宇宙，还有别的学生。
我摇晃，我蹒跚，我受击
失去平衡，仿佛我体内
那孩子朝黑板走上前去
捡起板擦，抹去她未来

① 丽妃河（River Liffey），横贯都柏林市最重要的“母亲河”，水面常年呈黑色。

命运的线条，连同他助我
变得清醒与澄澈的部分。

迈克尔·朗礼诗歌译介

北极光下诗歌所自之地

——迈克尔·朗礼诗中的空间

引　子

迈克尔·朗礼（1939—　）出生于北爱尔兰新教家庭。在贝尔法斯特著名语法学校毕业后，朗礼赴都柏林圣三一大学学习古典学，大学期间开始发表诗作和诗集。随后他在北爱尔兰文学艺术委员会工作，并曾经历十二年创作停顿期。朗礼在1991年以诗集《金雀花焰》（*Gorse Fire*）复出之后，笔耕不辍，荣誉接踵而至。朗礼一共发表二十二部作品，除了两部自传性质的作品和一部讲座集，其余均为诗集。他曾获包括艾略特奖在内的五种文学奖项，并获表彰诗艺的女王金质奖章（Queen's Gold Medal for Poetry）；他当选英国皇家文学学会院士和第四任爱尔兰诗歌教授（1997年至2001年），并于2001年被授予不列颠帝国司令勋章（CBE）。

关于朗礼的诗歌有大量评论面世，其中比较重要的是弗兰·贝尔顿（Fran Brearton）关于朗礼诗歌评析的两部专著，彼得·麦当劳（Peter McDonald），卢伊·卡瓦略·欧门（Rui Cavalho Homen）和亚当·汉纳（Adam Hanna）关于当代北爱尔兰诗歌的专著，以及2000年出版的朗礼诗歌评论论文集。除此之外，朗礼的夫人艾德娜·朗礼（Edna Longley）教授是贝尔法斯特女王大学英语系最出色的文学研究学者之一，她曾发表多部关于爱尔兰文化研究和关于战争与诗歌的专著，学术上的成就在整个英语文学界广受赞誉。从她的著作可以很好地了解朗礼这一辈爱尔兰诗人创作的文化和社会背景。

朗礼的父母来自英格兰。他父亲曾随军参加两次世界大战，并曾获由英王乔治五世亲自颁发的荣誉奖章。朗礼在北爱尔兰出生成长，他的大部分创作时期都深受北爱尔兰和平进程影响。而他敬爱的朋友，也是当代世界最有影响力的诗人之一谢默斯·希尼，则曾以强硬姿态脱离北爱尔兰政治环境，认同自己为爱尔兰人。朗礼的诗歌创作主题多围绕亲情、友情和自然，所写多为自身和身边人所经历的真实生活，诗与诗人身世及周遭的政治环境密不可分，同时也与诗人对英爱两国的身份认同思考密不可分。

朗礼在爱尔兰是深受喜爱的诗人，人们多有感于他诗中充满古典情怀的宁静与平衡，对自然细致的观察和富于人文主义的思考，以及他以家庭为中心视觉出发的充满爱意的笔触，同时他也因其对战争和暴力的控诉为人称道。对于学者和朗礼的文学领域同行来说，他最大的贡献则是以基于个人经历的长时期连续创作为北爱尔兰复杂的政治和人文环境变迁书写心灵史和思想史。译者尝试在这篇简介中叙述这部心灵和思想史的几个方面。

一、文人群体

都柏林大学英语系将朗礼任爱尔兰诗歌教授期间在三所高校的诗歌讲座结集成册，于2015年出版。三次讲座内容分别为他与诗歌为伴的大半生，诗歌与古典学，以及诗歌与民俗学。从第一次讲座的内容可以看出，朗礼喜欢在创作期间有充分的诗学交流，得到朋友们的稳定支持。和许多在孤独中写作的诗人不同，朗礼颇有名士之风，喜欢和朋友们一起读书、互赠诗稿、频繁切磋。他在圣三一大学念书的几年就和另一位北爱尔兰著名诗人德瑞克·马翰（Derek Mahon）结成良伴，他们彼此分享最新的文学出版物，敦促彼此修订文稿发表，参加各种文学活动。这种文学生活模式被朗礼一直沿用，而他的许多诗篇都是特定赠给某位朋友或亲人的。

译者因自己研究需要曾读过朗礼太太艾德娜·朗礼教授关于叶芝的专著。她尝试在爱尔兰的语境外诠释叶芝的文学影响，专注于分析叶芝的文学创作对浪漫主义和现代主义两种思潮的意义。而朗礼在讲座中提及叶芝时，特别提到叶芝的诗对他和他的朋友们的意义却是：使他们真正感受到以形式优美的韵诗呈现支离破碎的爱尔兰政治社会面貌是有可能实现的。作为古典学系学生，朗礼在看乔伊斯的《尤利西斯》时，更多地并非关注其对经典的重现，而是关注其中与他在都柏林生活重合的真实生活场景，和乔伊斯怎样以隽永的形式呈现它们。有意思的是，这对情深甚笃的夫妻写起东西来竟然是完全往两个方向的。同样有意思的是，朗礼在此处和讲座的其他多处提及同代文学创作时，关注的都不是他自己的声音，而是他这一代的整个爱尔兰文人群体何以书写，怎样发声。除此之外，也可以看出他的思考一直针对最切身的社会人文环境。

大致是因为自己曾经从前一代文人的作品中寻找发声方式，朗礼也认为自己有责任为下一代文人团体带来好的影响。他的第二和第三场讲座都意在警醒社会复兴日渐式微的古典学教育和民俗学教育。朗礼自己本身崇尚经典，渴慕值得长久流传的文学形式。他给学生讲自己在儿时朗诵英王钦定本圣经和其他版本的圣经翻译时，“第一次发现有一些文学语言是为在某一时期能通俗易懂，另一些则是为流芳百世”。而他曾因为无法找到准确的诗文表述，记录真实的社会动荡和人们所经历的一段复杂的历史，而停笔十二年。后来他重拾古希腊文学翻译，重温自己年轻时深爱的一部分浪漫主义诗歌，重新找到了属于自己的声音。当十二年后他的新诗集在 1991 年面世时，朗礼的诗歌风格已经基本成型。短小、凝练，单一的叙事声音极其内敛但摄人心神，意境空灵却隐隐透出不安。重要的是，他铸造了一种寓言般清新隽永却浓缩了多重内涵的诗歌语言，和充满古典美感的平衡对称的格式，并不停淬炼使形式和语言圆融完满。同时，朗礼认为爱尔兰诗歌的核心有一部分仍然在乡间生活和民间传说之中，他所写的乡村生活深受民俗学家沃尔特·德拉马尔（Walter de la Mare）的影响，所以也有上述对民俗学教育的倡导。

二、诗中的空间

朗礼早期的诗歌有许多直接描写北爱尔兰和平进程中的冲突，或是回忆父辈所经历的一战，本诗集包括了其中的两首。而他成熟期（1991 年前后）及其后的诗歌都集中在描述乡村的日常生活。在他的许多诗中都出现了凯里吉蔓镇（Carrigskeewaun）这一地名。它属于爱尔兰西海岸靠海一带的平原，其中有多种爱尔兰乡野常见的沼泽、湖泊水域地貌和典型的植被和鸟类物种。朗礼的写作很奇妙地融合了前辈诗人学者和同辈好友带给他的多种影响。叶芝的《茵尼斯弗利岛》（*The Lake Isle of Innisfree*）充满了浪漫主义神采，其唯美的想象深深感动了千万读者。而现实中他带着妻子回到那一带乡间时连湖在哪里都不确定。相似地，朗礼在凯里吉蔓镇的生活时间非常短，爱尔兰西海岸对他来说是一种构筑的诗意生活的核心，他写作凯里吉蔓的生活都有唯美和理想化的倾向。用他本人在 2008 年采访的原话来说，那是“借来的凯里吉蔓镇”。而他所指，恰是从希尼处“借来”。希尼出生成长于乡村天主教家庭，他笔下的乡野自然恒常充满危险和不确定，时时要侵入脆弱的人类世界，改变被种种僵化的意识形态禁锢的社会人文环境 。另有民俗学家沃尔特·德拉马尔（Walter de la Mare）对爱尔兰乡间圣井、圣树一类传说和地理志的记录，用客观冷静的笔触记录传说和奇观，也为朗礼的写作带来灵感。

朗礼笔下的家居空间和乡野生活挑战了传统上对私人和政治空间的分野，他的诗时常以相对狭小的内部空间所发生之事表现暗流涌动的外部政治社会变化。《气象》一诗写道：“我把两界的天空／阳光的碎片／带进家中……在这缩微的外界，我以低垂浥空为幕……”这作为“缩微外界”的家庭空间中，有受欢迎的来客——本地物种红胸雀、燕子等等，被关在门外的是不太友好的外地飞来的大天鹅。“我”时常向外观望，观望天鹅和水獭声环绕的“仙子堡”，把众鸟环绕的厅堂视为“爱之床”，并“为我的灵魂鸟留着窗”。而侵入到内部空间的，有时间和人为导致的死亡：天鹅蛋标本、耗子干尸、迁居时遗忘在冰箱里的鳟鱼。《房客》一诗中，房客以“我们”的生活为题材写小说，老式打字机打完一行字发出的“叮”一声与远处天主教堂祈祷的钟声重合。“我们”害怕自己的动静改变了房客笔下自己的形象，而“我们”小心翼翼的姿态也事实上改变了自身生活。这仿佛完全波澜不惊的生活小插曲，却很深刻地刻画了北爱尔兰社会和家庭生活在 1969 年《贝尔法斯特协议》前后所处的意识形态。

然而即便诗行永远在暗流涌动的氛围中，朗礼的笔触也一直是带着爱意的。造成北极光的太阳风在掀动妻子的额发，玫瑰花窗下的圣水盆不若所爱之人前额的“圣水”；除了家人，还有他想要为之“命名”的老友们——凯里吉蔓的鸟儿，“我”灵魂所处之海岬，有“小兔初长成”，被银河燃亮的书页，和他从未曾谋面的凯里吉蔓小屋的前任屋主奥图尔夫妇。他曾在 1997 年的一次采访中说，如果他的生命有任何值得被后人记住的地方，他希望人们记得他是写过几首爱之诗的人。而当他在多次讲座和采访中被问到写诗的灵感和诗人的自我修养时，他都说：“我不知道诗是从哪里来的，当灵感消失的时候它又去了哪儿，如果我知道，我会去那个地方。”

结　语

译者在爱尔兰共和国首都都柏林生活，赴北爱尔兰还需英国签证。而朗礼年事已高，基本一直在北爱的家中。译者除了在两次诗歌朗诵会上与他和夫人匆匆见面，也从未有机会坐下好好谈话，深以为憾。当译者将忐忑心情向二位诚实倾诉时，朗礼哈哈大笑说：“我相信你！你要知道，年轻人永远是对的，即便在他们错了的时候！”2015 年末，朗礼寄来了圣诞明信片，上面印着他的诗《所有这些人们》。译者在此表达对诗人夫妇诚挚的敬意和感激。

彭李菁

2016 年 2 月于都柏林

迈克尔·朗礼诗选

北极光

当你唤醒我望过窗户
绸缎垂帘、溢彩轻烟、鬼火
黑山之上光线聚合
北极光成了我们之间的磁场
你的手在我肩上，气息间香烟的味道
卷动你渐疏额发的太阳风

圣水盆

——写给马努斯·卡尔森[①]

I.

圣水盆中央的小岛上
羊羔回望波涛汹涌
如海豚和鲸鱼
从圣水中跃出，然而细节被
牧师手指泛起的涟漪抹去
如松鸡、野鹅或天鹅降落般游移

II

一个异教徒和一个别扭的新教徒
我仍然可以想象玫瑰花窗下
为你和我的儿女们放置的圣水盆
散文是涤荡你姓名的词语之河

---

① 马努斯·卡尔森（Manus Carson），应该是诗人的亲人或朋友的孩子，诗中是其受洗的时候。

诗是元音和辅音的源泉
在你的前额众水皆圣水

新　窗

坐在床头我以望远镜端详
杜镇[1]上我最后的安息之地
透过新窗，我的海岬内
灵魂所属之处，高而干燥，孩子们
唤它“仙子堡”，在水獭
碎语声中升起，而如今那天鹅巢穴
在黄色香蒲草间，成千次梳理羽毛
留下一片模糊的沼泽棉。

① 杜镇（Dooaghtry），爱尔兰西北海岸上一个小镇。

一枚天鹅蛋

要处置这百年
雪花石膏纹理下的空无
我盯上盗巢者的梢
他掏去蛋清和卵黄
一只小天鹅等待着
在大战前跟随雌雄天鹅
穿越河谷湖泊；
他在黑洞旁书写
藏品的细节
它们陈列柜中
漫溢鸟的沉默
羽翼丰满的不存在之物
一枚天鹅蛋置身于
鸺鹠和翠鸟的珍珠宝贝间。

玛丽·奥图尔

想象茵岛[①]的玛丽·奥图尔
举起锅里
泥炭生的火，当
春潮漫过炉床

丢下闪烁在野溪
波纹下柳树的
纹样，然后
离开她的小岛

在凯里吉蔓镇[②]她说
“如今我可以远走各方”
并漫游在两面

① 茵岛（Inishdeigil），爱尔兰西北海岸边的一处小岛。

② 凯里吉蔓（Carrigskeewaun），爱尔兰西北海岸上的小镇，此地名在下面几首诗中还会出现。

砂底的湖泊间

想象玛丽·奥图尔
和我渐渐重合
一同走过幸福的小径
去往所有的海岛

临　终

我想象我的眠床就如朋友的爱之床
日日清晨，它的朋友们进屋吃早点
红胸雀，一只长足而迅捷，最早的客人
另一只潜伏在角落
一只在床下逮蜘蛛
一只从门廊俯冲下芝士碟。

我逝去之时会为所有鸟儿命名。
将有许许多多代红胸雀
莅临这房子，还有鹪鹩和黑椋
和长尾的山雀从它们那听得
芝士碟和一小茶托水。
我将为我的灵魂鸟留着窗。

气　象

我把两界的天空
阳光的碎片
带进门中
泉水倾流
我的一对水桶

在巨大气压
之下变得沉重
两湖和众岛屿
不断膨胀
扯动我的双肩，又或

我在那微缩的
外界，以低垂浥空
为幕，我庇护
地标，追踪

所有鸟兽

打开窗户
蜻蜓的薄翼
挂满桤木的球果
一滴雨水封存着
水苗草的五瓣。

红胸雀

一只红胸雀在小木屋的烟囱上歌唱
离别意味着穿过那声帘
自他悲伤纤弱的晨歌垂下
家务琐事开始了：擦拭雨天的窗户
为葱茏草木中茕茕而立的维纳斯，天空的蟠螭，
黎明的视衣；细碎的灰
从摇摇欲坠的木桶散落沼泽草
在春分愈加彤彤；
在炉床旁发黑的冰雹上铺上报纸
我们睡闻不远处大天鹅
彻夜回响的家内喧哗。
一缕濡湿的阳光溶解了声响
他的影子在草地上映出红胸雀
如果不是它刺痛我双眼我会去数数天鹅。

燕　子

当那燕子转道飞进厨房
吻过屋角，擦过蒙尘的搁板
用它侧腹下，疲惫凌乱的羽毛
却没能飞出开着的门
我们也在迁离的时分：

冰箱里一条被遗忘的彩虹鳟鱼
一只耗子在钢琴下变成干尸
亡友们，椽子的魔药
自应许之地和那周遭而来的木匠
用鸟翼修葺我们的旧房。

麦　穗

——始自沁孤[①]的诗行

太阳边褐色云雀
睥睨凯里吉蔓镇
五月将逝，沼泽地中金盏菊
和黄色香蒲草，鳟鱼
在下游的桥边犹疑
甚至，群鸦摇摇欲坠的巢——
为你自己鼓掌，也为我鼓掌
小木屋里我找着
非洲来的麦穗
抽在窗玻璃上噼啪作响
她乳白—浅黄色麦秸
和白穗端在我双手
轻握她往门边走
她和你一道在太阳边

① 约翰·米林顿·沁孤（John Millington Synge，1871—1909），爱尔兰剧作家。

又轻轻掠过成群沙丘

扮成银叶草或婆婆纳

在兔子洞

我心头一痛，急促气短。

回忆凯里吉蔓镇

一个冬夜，火炉吸气
烟囱成了风笛
长着煤烟和蓟花的绒毛
一个语音箱回忆动物们：
小兔初长成，沙锥鸟
斜斜站立，然后是酒鼻海豚
展示无意义的笑容。
家是波浪间的空谷
一簇荨麻，羽状风
和不超过一天的记忆
当鸟兽们回到我身边
从凯里蔓吉镇上的土地
被银河燃亮的书页。

房　客

房客在写一部小说。
我们让他管这房子
但他把我的心神也一并占用——
一个阁楼，一间储物室
给他的打字机，笔记本
缓慢堆积的纸张。

在四指敲击的每一行受难的文字
终止处祈祷的钟声响起——
成百个正午和日落
当我们在此地共卧轻语
留心不要截短我们的生命
或改变他给予我们的名字。

船

致谢默斯[1]

希腊语中的航船
你问，我的旧友
与我同航之人
即将抵达伊萨卡——
哦，空虚的航行
扬浪双桨
嘎吱作响的龙骨——
然而，渐及故乡
总有灾祸
遗忘的风暴
泛滥的言语。

① 指谢默斯·希尼（Seamus Heaney，1939—2013），爱尔兰诗人。

蜥蜴兰花

I

在慕杰罗全神倾听
杳杳杜鹃
蛙鸣和声
遍地蟋蟀
和家里声响——
海蒂烤着栗子蛋糕
洛伦佐的梯子
蹭过樱桃树——
我们在希尔瓦诺[①]
高山草甸的斜坡上
林地边，觅得尊贵的
结果的草丛中

---

① 诗中出现的两个地名均为意大利小镇。

一株兰花，每一瓣低垂花唇
一道流光，需得精妙微风
轻轻外翻
一个让杜鹃和蛙沉默的名字
蜥蜴兰花

II

汤米的泥靴
当真带回英格兰
战火中蜥蜴兰花的种子——
花茎比你想的要高
花舌小指头一样长
寡妇帽上的丝带——死去士兵
归乡的，依附的灵魂？

所有这些人们

是谁说的战争的对面
不是和平而是文明？他认识
我们被刺杀的天主教菜贩
在圣诞节死在卫理公会牧师的臂弯
而我们卖雪糕的男人连绵的安魂曲
是孩子们牢记的二十一种味道。
我们的鞋匠给每个人修鞋子；我们的屠夫
把韭葱、蒜和蜂蜜拌进他最好的香肠；
我们街角的商铺卖所有的东西从面包到引火棍。
谁能把和平带给那些没有在文明中的人？
所有这些人们，生或死，都是文明的。

附录：译诗原文标题

保罗·默顿诗歌（彭李菁译）

钥匙 / The Key

皮包 / The Briefcase

马多戈：一个奥秘——长诗节选（六首）/ Six Proses from “Madoc：a Mystery”

马多戈：一个奥秘——韵诗节选（六首）/ Six Poems from “Madoc：a Mystery”

回归线无风带 / Horse Latitudes

漫长的终结 / Long Finish

菠萝和石榴：纪念耶胡达·阿米亥 / Pineapple and Pomegranates：In memory of Yehuda Amichai

一处凹痕：纪念迈克尔·阿伦 / A Dent: In memory of Michael Allen

航行 / Immrama

哈利·克里夫顿诗歌（包慧怡译）

云莓 / Cloudberry

黄水仙 / Daffodils

鳗鱼 / The Eel

柠檬 / Citrus

托马斯·默顿之死 / Death of Thomas Merton

鸟之魑魅 / The Bird Haunt

与你的家人合葬 / Burial with Your People

在谢默斯·希尼墓前 / At the Grave of Seamus Heaney

萤火虫 / Firefly

汲水 / Taking the Waters

致朝鲜作曲家曹成温 / To the Korean Composer Song-On Cho

诗人桑德罗·佩纳，垂暮之年 / The Poet Sandro Penna, in Old Age

缝衣女 / The Seamstress

上帝在法国 / God in France

洋流颂 / A Gulf Stream Ode

葆拉·弥罕诗歌（包慧怡译）

井 / Well

民间故事 / Folktale

纪念教我读书写字的祖父瓦蒂 / A Remembrance of My Grandfather, Wattie, Who Taught Me to Read and Write

游牧人的心 / Nomad Heart

家 / Home

法身 / Dharmakaya

田野之死 / Death of a Field

骨灰 / Ashes

种子 / Seed

父亲以圣方济各的幻象现身 / My Father Perceived as a Vision of St Francis

阿尔忒弥斯的慰藉 / The Solace of Artemis

切面钻石，他的呼吸 / Diamond Faceted, His Breath

她不知道她正死去，但她的诗知道 / She Didn't Know She Was Dying But the Poems Did

白猫攀哥儿再世 / Pangur Bán Reincarnate

堪舆 / Geomantic

迈克尔·朗礼诗歌（彭李菁译）

北极光 / Northern Lights

圣水盆：写给马努斯·卡尔森 / Font: for Manus Carson

新窗 / The New Window

一枚天鹅蛋 / A Swan's Egg

玛丽·奥图尔 / Mary O' Toole

临终 / Deathbed

气象 / Weather

红胸雀 / Robin

燕子 / Swallow

麦穗 / Wheatear

回忆凯里吉蔓镇 / Remembering Carrigskeewaun

房客 / The Lodger

船 / Boat

蜥蜴兰花 / Lizard Orchid

所有这些人们 / All These People

关于作者：

保罗·默顿（1951—　）生于北爱尔兰，20世纪80年代定居美国，共出版十二本诗集，获包括普利策奖在内的十余种文学奖项。默顿1999—2004年任牛津大学诗歌教授，现任普林斯顿大学人文学院教授，英国皇家文学学会院士，美国国家艺术与科学院院士。

哈利·克里夫顿（1952—　），生于都柏林，毕业于都柏林大学，曾旅居非洲和东南亚各国。出版有《勒马上尉的冬眠》《聚力点》等六部诗集及小说、随笔集等多部，获帕特里克·卡瓦纳奖等国际诗歌奖。继迈克尔·朗礼任第五任爱尔兰国家诗歌教授。

葆拉·弥罕（1955—　），毕业于都柏林圣三一学院及美国东华盛顿大学，出版有《画雨》《法身》等十部诗集及十余部话剧、广播剧剧本，曾获多种国内外诗歌与剧本创作奖项。继哈利·克里夫顿后任第六任爱尔兰国家诗歌教授，为第一位获此荣誉的女诗人。

迈克尔·朗礼（1939—　），北爱尔兰诗人，共出版十九本诗集，获包括艾略特奖在内的五种文学奖项，并获表彰诗艺的女王金质奖章。朗礼是第四任爱尔兰诗歌教授，现任英国皇家文学学会院士，并被授予不列颠帝国司令勋章。

关于译者：

包慧怡，都柏林大学中古英语文学博士，现执教于复旦大学英文系，研究中世纪诗歌与彩绘手抄本。出版毕肖普《唯有孤独恒常如新》、普拉斯《爱丽尔》、阿特伍德《好骨头》等译著十种。著有诗集《我坐在火山的最边缘》及随笔集《翡翠岛编年》。

彭李菁，北京大学毕业，后在爱尔兰国立大学人类学系取得博士学位，专攻语言人类学，探索中国与爱尔兰近代文学语言。目前与都柏林大学和爱尔兰国家图书馆合作中国—爱尔兰比较文学研究，并从事人类学著作翻译与文学翻译。